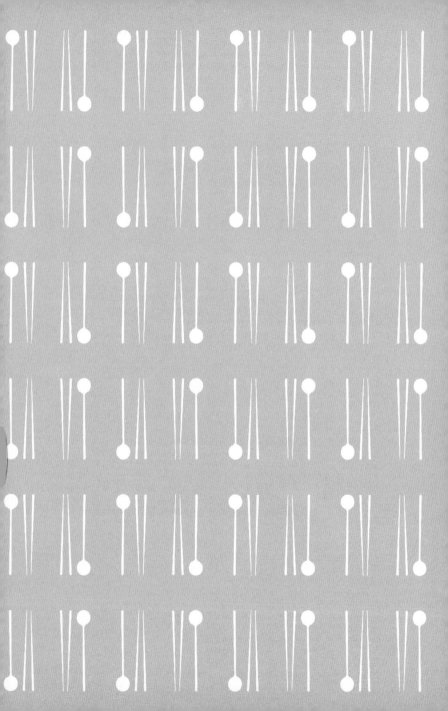

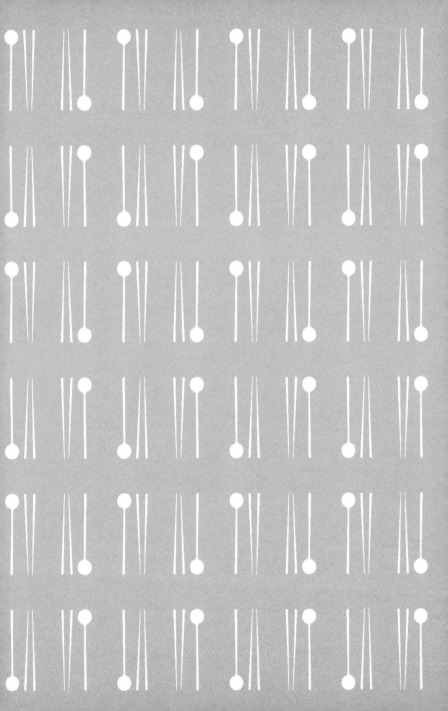

韓味

陳慶德——著

剖開韓國人的胃，
看透韓國的社會

目次

第二部分：在韓的臺灣味與日本味

作者序

久未出新書，距離上一本著作《他人即地獄：韓國人寂靜的自殺》（二〇一八，逗點文創），已過六年時間，但在我忙碌的大學教書生活中，寫作的能量與習慣並未停歇。

這本新書《韓味：剖開韓國人的胃，看透韓國的社會》收錄了我於各大媒體[1]發表與未曾出刊的韓國飲食文化文章，後經數次潤飾，整理成冊，分享給想透過飲食文化，進而認識韓國的朋友們。

全書主要以三大部分構成，內容簡述如下：

1 包含照顧我已久的「關鍵評論網」、「換日線：〈現象．韓國〉」等專欄。值得一提的是，書內另有數篇飲食觀察，經重新改寫與補入新資訊，原屬我留學階段所經營的 udn 鳴人堂「再寫韓國」。今收文成冊，為了不影響閱讀的流暢，對於若干讓我受益頗多的資料或觀點，除非有必要會特地於文內標示，否則便收錄在書末延伸閱讀書目區，以供大家參閱。

第一部分「韓味與韓文化」——主要是以韓國具代表性的食物為重心，挑選出十數種與當地社會或日常息息相關的飲食，發掘其歷史來源或風俗習慣。

諸如韓國人愛吃炸雞，全國颳起一陣開炸雞店的風潮，炸雞店家數竟還超越全球麥當勞店家數，然而在此風潮下，卻造成一些社會議題，有人開了店後，沒想到收入竟比上班領薪水還少，甚至有的人還賠了自己的退休金？成本約為二千韓元（折合新臺幣約五十元）[2]的生雞，沒想到來到炸雞店餐桌上，價格竟飆漲近十倍，這其中又牽涉哪些經營問題呢？

另一方面，我也親自走訪美食之都大邱，參訪了「安吉朗烤腸一條街」，才發現到韓國人行銷當地美食，非只純靠ＣＰ值，反倒由同一條街所有店家協議出統一定價、菜單，在良性競爭下，打響了「烤腸」名號。

又，不產香蕉的韓國，是基於何種歷史機緣與行銷手段，把「香蕉牛奶」打造成國際知名的國民飲料呢？

此外，大家所熟悉的「年糕」、「煎餅」與「馬鈴薯湯」等韓式美食，以及韓國人日常所吃的「秀美」洋芋片，所喝的「炸彈酒」等，又各自蘊含了什麼典故或淵源，都會在書中一一剖析。

第二部分「在韓的臺灣味與日本味」——主要著重在臺、日、韓三國飲食對比，欲跟大家分享的是，當我們在看待文化時，不能只一味追溯起源處，更為重要的是，文化於傳遞過程中，有其流變與互為影響，才成為今日的樣貌——食物也是。

諸如起源於臺灣的珍珠奶茶，為何會深受韓國人喜愛？甚至開在臺灣一般店面、物美價廉的手搖珍奶，來到韓國後卻搖身一變，變成一間間旗艦店，其口味與樣貌、行銷與包裝，與臺灣本土珍奶又有何異同呢？

臺灣的古早味蛋糕也是如此，一度風靡韓國，從韓國紅回臺灣，而多年過後，它再度現身於電影《寄生上流》內，又是呈現出怎樣的興衰與身影呢？而今當地又流行起什麼臺灣味呢？

另外，藉由臺、韓的庶民食物「茶葉蛋」與「炸醬麵」，又如何觀察到

2　本書匯率換算，統一以韓元與新臺幣匯比約為四十：一的標準計算，部分經四捨五入呈現直觀的幣值對照，並擇要以括弧附示於韓元後。若有特殊情況，會於文內增註。

當地經濟景氣與物價通膨呢？

源自日本偏重鹹口味的拉麵，被引入韓半島後，是如何轉型成為清淡甜味的韓式拉麵呢？甚則韓、日兩國都有的「泡菜」，又是如何在民族自尊心發酵下，於國際間展開長達數年的泡菜主權之爭呢？此外，韓國政府於二〇二一年七月，為了與中國四川泡菜有所區分，興起一陣改名風，把人們熟悉的「（韓國）泡菜」改為「辛奇」，透露了何種氛圍？又是否達到預期效果呢？

易言之，我於第二部分會透過比較三國的飲食文化，讓大家深入瞭解它們彼此間在歷史上的愛恨情仇與交流成果。

第三部分「猶有餘味」——主要是以韓國人每個月都過情人節，乃至特殊節慶、語言、傳說等為切入點，以獨特視角「間接」介紹韓國飲食與社會之間的關係。

總而言之，我在這本小書內試圖以貼近人們生活的「韓味」為線索，帶領大家一窺韓國文化之究竟。

最後，於本書付梓之際，特別感謝方寸文創總編少鵬的建議與協助，讓此書更具閱讀性。同時，我也期待實際購買支持的朋友們，能有一段愉快的閱讀時光。

當然，文內有任何謬誤，理當由我本人負起全責。謝謝。

陳慶德敬上

二〇二四年六月甲辰夏於臺中北屯

第一部分

韓味與韓文化

愛吃泡麵世界第一

一年人均超過七十碗

二〇一〇年，我初來韓國，最不適應當地飲食文化之一，即是吃泡麵風氣之鼎盛，且韓國人不似臺灣人多以泡麵當宵夜，反倒作為正餐吃的人挺多，泡麵的售價還不便宜。舉例而言，若到店家吃，一碗泡麵要二千五百韓元（約新臺幣六十三元）起跳，且麵裡沒有肉，僅是配上泡

菜的「辛拉麵」（신라면）。有時候，追加年糕、起司片，價格就躍升到三千—三千五百韓元。

二〇二〇年，「世界泡麵協會」（World Instant Noodles Association, WINA）指出韓國人是全世界最愛吃泡麵的民族，一人一年平均吃上七十九・七碗，即不到五天就要吃上一碗泡麵，高於世界平均值（約十五碗）五倍以上，遙遙領先第二、三名的越南與印尼（各七十二・二碗、五十三・三碗）。[1] 我們熟悉的泡麵，韓語為「拉麵」（라면），最初源自日本。眾所皆知，一九五八年八月二十五日，世界第一包泡麵「雞汁拉麵」誕生，是由日清食品公司創辦人安藤百福（一九一〇—二〇〇七）開發出來的，而安藤跟臺灣也有淵源，他本姓吳，一九一〇年出生於嘉義朴子，二十二歲歸化日籍後，改姓安藤。他在一九五八年發明出雞汁拉麵，打響名聲，並在一九六六年外銷到美國；另一方面，臺灣則在一九六八年由國際食品公司與日清合作，推出本島首包泡麵「生力麵」，當時售價為新臺

1　據二〇二三年資料，第一名為越南，每年人均八十三碗；韓國第二，每年人均七十八碗。

幣兩元，價格相當於一碗陽春麵；同年，日本也發售了暢銷產品「出前一丁」。到了一九七一年，日清再推出「速食杯麵」；二〇〇五年更研發出「太空泡麵」，並由日籍太空人野口聰一帶上發現號太空梭內食用，引發話題。

安藤靠著一碗碗泡麵，獲頒日本「勳二等旭日重光章」、美國洛杉磯市榮譽市民，而他的偉大發明——泡麵，在二〇〇〇年也被日本民眾票選為二十世紀最偉大發明。直到二〇〇七年，安藤百福才以高齡九十七歲安詳過世。綜觀其一生，都是為開發泡麵而努力，故被人尊稱為「泡麵之父」。

回過頭來說韓國的泡麵發展史。

一九六三年九月十五日，韓國三養食品公司與日清合作，推出首碗泡麵「三養拉麵」（삼양라면）。推出此麵主導者，即是韓國泡麵之父全仲潤（전중윤，一九一九—二〇一四）。[2]三養拉麵問世時，因有日本公司技術支援，一包售價僅十韓元（約折合當時新臺幣八角），正好可以解決六〇年代韓戰（一九五〇—一九五三）過後社會米糧不足的民生問題。

爾後半世紀，韓國當地陸續推出重大麵品，如一九七二年的碗裝拉麵（사발면，後來發展成小杯裝的「杯拉麵」〔컵라면〕）、一九七五年的農心

泡麵。[3]

來到一九八〇年代，泡麵市場百花齊放，各式各樣泡麵問世，也奠定外人對二十一世紀韓國泡麵印象，諸如一九八三年誕生的「狸麵」（너구리 라면）與湯（泡）麵代表「安城湯麵」（안성탕면），一九八六年則誕生火紅色包裝的「辛拉麵」，同年還推出「便當盒拉麵」（도시락 라면）、「真大分量拉麵」（진곱매기 라면），一九八八年誕生了「真拉麵」（진라면），一九八九年則有「蝦湯拉麵」（새우탕 큰사발）上市，二〇一一年是麵條細小、低熱量且討人喜愛的微甜「咕咕麵」（꼬꼬면）等。有些泡麵即使上市超過四十年，仍持續熱賣。

一跟韓國人提到泡麵，他們印象最為深刻的莫過於上個世紀，一九八九年獨霸泡麵市場的三養食品，被人揭發使用工業用脂肪製作湯包的黑心事

2 耐人尋味的是，人們常以為吃泡麵有害身體健康，但這兩位日、韓泡麵之父，皆以九十多歲高齡辭世。

3 製作辛拉麵的農心公司前身為樂天工業，一九七八年改名。

件，此事件引起廣大民眾極度不滿，集體要求三養食品高層人員負責，最終三養食品礙於輿論壓力，除了十幾位管理層代表被判決收監外，也回收流通在市面上數以百萬包計的泡麵，損失可謂慘重。

如此黑心商道，讓三養食品從此聲名狼籍，再加上八〇年代，競爭對手農心推出多款泡麵，順勢取代了三養食品泡麵一哥的地位。迄今，韓國當地最有名的六間泡麵公司，分別為農心（농심）、不倒翁（오뚜기）、三養（삼양）、八道（팔도）、Yakult（야쿠르트）與青裸（청보）。

但光是探究韓國泡麵的起源，尚無法說明他們為何是全世界吃泡麵最多的民族——因為二十一世紀的韓國泡麵，正以晉級又進擊的樣態問世。

來自未來的泡麵21號

韓國泡麵種類極多，品牌早已突破兩百款。大家熟悉的辛拉麵就是農心招牌產品，且是韓國史上首款銷售突破一千億韓元（約新臺幣二十五億元）的麵款，可謂韓國泡麵代表。

農心公司泡麵生產技術卓越，號稱一分鐘內可生產出三千包泡麵。截至二〇二四年，辛拉麵在三十八年間累計賣出三百八十六億包，平均每年賣出十億包，國內外銷售額總計創下十七兆五千億韓元（約新臺幣四千四百億元）佳績。辛拉麵內含約五十公尺長的麵條，三百八十六億包麵條總長度，換算下來已經可以繞地球四萬八千圈，或連接地球與太陽之間往返的距離六次，超過十九億公里呢！

除了招牌的辛拉麵，農心公司的產品也屢創銷售佳績，在韓國泡麵史上創下一千億韓元銷售額前五名（二〇二四年），就有四項是農心公司的產品，分別為辛拉麵、安城湯麵與「炸醬口味的義大利麵」（짜파게티），以及「炸醬麵王」（짜왕）。從泡麵市場市占率來看，農心公司自二〇一〇年起，市占率達六成以上，穩坐一哥地位，緊追在後的是市占率約一成五的不倒翁泡麵公司，而黑心商道的三養則退居到第三名，市占率只有一成，顯見當年三養公司的黑心食品事件，迄今仍深深烙印在消費者腦海中。

回到二十一世紀的韓國泡麵現況，目前泡麵銷售的速度、金額越來越大，種類也越出越多。當地曾推出一支有趣且讓我印象深刻的廣告「泡麵21號」（原機器命名為「RAMENIA 21／라매니아 21」，意指「熱衷做泡麵」，而21推想應為「二十一世紀」；以下簡稱為「泡麵21號」），短短兩分多鐘的廣告，充分展現韓國人有多麼熱愛泡麵。

廣告一開始，以「溫水」、「冰水」、「咖啡」與「碳酸飲料」等淨水器開頭，但配音員卻情緒高昂地說道，二十一世紀終於誕生高難度的「泡麵淨水機」（라면 정수기）。

乍聽臺詞，讓人丈二金剛摸不著頭腦，但畫面繼續帶出製造此機器的大型公司ＮＷ外觀圖，介紹起全世界第一臺泡麵淨水機——Ramen Water Purifier 21。機臺左上角置入ＮＷ公司名，主機設計以時尚銀為主色，搭配藍光ＬＥＤ燈閃爍，還有斗大的跑馬燈字幕與英文語音引導使用者操作。

晉級又進擊的韓國泡麵，就從「Insert Ramen」（放入泡麵）一語開始。

根據旁白介紹，人們只要把未開封的泡麵包，斜放入淨水機內，機臺內建的二百一十五種以上的泡麵品種數據，就會分析剛插入的泡麵款式，而後閃起跑馬燈，顯示出泡麵名稱外，也會播放此款泡麵膾炙人口的廣告歌曲。

機器分析完泡麵後，人們也不用動手取出包裝，因為泡麵21號的「智慧型包裝處理器」（smart package care）會在機臺內撕開包裝，取出內容物，且把包裝袋折好、折巧、折小，順順地送出機外。

之後，處理程序就會來到「個人專屬泡麵控制」（personal ramen control）。這步驟端看個人平日煮麵習慣，不管是正折或側折，還是習慣把泡麵折成兩半或四片，都有touch選項鍵，讓人保持原有折麵手法，更加衛生地折斷泡麵；另外，吃麵的人都知道，若想要吃淡一點的湯頭，得多加些熱水，泡麵21號也同樣可以將水量調整成自己喜愛的湯頭口味。

不過，泡麵21號最厲害的是內建「配料」，從青蔥、紅蘿蔔、辣椒、火腿、年糕與起司，應有盡有，只要按下按鍵，就會湧出所需配料。

特別的是，韓國人吃泡麵總愛加一顆蛋，均衡一下營養。而泡麵21號也已經想到此點，當人們選擇好麵條、湯頭、配料後，機器便會轉入選蛋模式，操作者就可依個人喜好，加入全熟或半熟雞蛋，而雞蛋馬上就俐落地滑落到麵中央，這就是泡麵21號的「色香味俱全模式」（topping combination system）。

廣告最後是人們泡麵時最怕發生的情況——因燙手打翻泡麵。但我們再也不用擔心這點，遵循國際淨水機大廠CEO總裁Emiya Mulzomdao（疑似虛構人物）之名句：「科技需要從頭到尾都保持優雅。」（Technology needs to remain beautiful until the end.）只見畫面裡一臺小型泡麵專用無人機，搭配四組螺旋槳和吸睛的紅色警示燈，使用四支抓手，保持平衡、急速地將泡麵配送到餐桌前——完美配送服務（drone delivery service），讓人優雅地吃上一碗泡麵。

短短兩分多鐘影片，讓人看到韓國社會許多縮影。諸如攝影場地是有著超過十層樓、占地數百坪的NW大公司，投射出大財團身影；而無人機配送的設定，則顯示出外送文化之興盛。

泡麵21號的程序，從選購泡麵種類、拆包裝、折麵加配料，與拿筷子、端碗等，完全符合一般日常人在煮泡麵的流程。儘管這臺機器是「概念機」，仍未真正上市，但已表露出人們腦海所設想的未來生活藍圖，讓人對這臺機器無比期待。

最後要提一點，就是韓國人想像未來的概念機不是用來料理其他食物，而是瞄準泡麵，足見他們有多愛吃泡麵了。

到便利商店「煮」泡麵

每次韓國朋友來臺灣玩，行李箱內除了辣味正統韓式泡菜，少不了的就是幾包泡麵。初期此舉動時常讓我誤會是招待不周或菜色不合朋友口味，讓韓國朋友回到飯店還得「續攤」，拿出泡麵大快朵頤——韓國人連出國都會帶上泡麵，可見多麼離不開家鄉味。

也難怪韓國當地泡麵銷售量逐年增加。據統計，二〇二〇年全國境內泡麵消費金額為一兆一千三百億韓元（約新臺幣二百八十三億元），比起二〇一九年的一兆零五百四十五億韓元，持續成長。

然而光看數字還不足以揭露出二十一世紀韓國泡麵晉級又進擊的身影，我們必須來到人們最常去的場域——便利商店，一探究竟。

韓國便利商店密度，於二〇一二年起就超越臺灣與日本，成為世界第一，而我之所以選擇便利商店作為觀察當地文化的重心，在於它是人們最常消費之處，其中包含當地最新文化趨勢。泡麵也是如此。

首先，相較臺灣人喜好於便利商店吃速食便當，韓國人更偏好以泡麵解決嘴饞。韓國便利商店泡麵櫃架上乃是從兩百多種泡麵裡精挑細選的「菁英」熱銷款，因為上架所費不貲，能上架者皆為上上之選。

最讓人感到新鮮的是，在一些新開幕的店內還有「煮」麵機，當顧客付費表示想吃店內的泡麵，店員就會提供鋁箔紙盒、泡麵與餐具，還可依個人喜好，添購雞蛋、泡菜、鮪魚罐頭或起司片等配料。拆封後把麵塊放入鋁箔紙盒，再將麵盒擺放在煮麵機電爐上方，按下自己所買泡麵的按鍵，機器便會依此泡麵需求調整出水量與火候，隨之電爐轟轟作響，「煮」起麵來。

透過機器內建的設定，包準煮出來的麵條Q彈、蛋圓不碎散，若是吃不飽，也可選購套餐，搭配三角飯糰或飲料，成為一頓「泡麵正餐」。

當然，有些人喜歡吃軟一點的麵，也可追加煮沸時間與水量，但這並非推薦選項，畢竟煮麵機公司已經嚴格研究過使用多少水煮起麵來才最為美味。

有些更為新型的機器，就似泡麵21號概念機，機身內建配料（如年糕片等），且更強調效率，只要兩分鐘，即可完全煮透麵條，大大縮短等候時間。甚至此機器也能一機多用，除了煮麵，還能微波速食便當、辣炒年糕與水餃之類，極具實用性。

這樣的煮麵機率先出現在各大便利商店，後來便普及到許多飯店旅館，方便深夜肚子餓的旅客隨時來上一碗泡麵。如今臺灣便利商店也已引進此機器了。

我們都知道，泡麵（instant noodles）不論翻譯成「快熟麵」、「方便麵」、「即食麵」，或「快速麵」、「快餐麵」等，這些名稱皆指向短時間內可煮熟食用的麵製食品，而要求「快速」的時效性，更與韓國人的意識，乃至口頭禪上的「八里八里」（빨리빨리，快一點）、「火病」（홧병，凡事要

求快速、急躁）互相呼應。

為什麼韓國人特愛吃泡麵，吃到全世界第一名呢？私想正因為泡麵「快速」這一點，符合韓國人的個性、意識與社會氛圍。

透過韓國泡麵史、泡麵21號概念機，以及便利商店興起的煮麵機，我們就看到韓國人有多麼愛吃泡麵，無怪乎榮登世界最愛吃泡麵的民族。

而晉級又進擊的韓國泡麵現象，除了表示韓國人愛吃泡麵外，也讓人感受到他們連泡一碗麵都要急速地縮短時間，即知其社會的步調是有多麼緊湊忙碌了。

韓國人愛吃泡麵（라면）的程度，居世界前茅，便利商店泡麵櫃架上都是熱銷款，每年創造出上兆韓元的銷售額。

韓國便利商店裡的煮泡麵機器，可依泡麵的需求調整水量與火候，有些更高檔的機型，還內建配料，麵條煮透效率更高，大大縮短等候時間。

「下雪了，怎麼能沒有炸雞與啤酒（치맥）呢？」聰明的商家推出了「雞啤杯」，結合炸雞和啤酒（當然也可以換成汽水等飲料），不僅分量適中，還便於取食。這也間接顯示了韓國飲酒風氣之盛。

韓國人愛吃炸雞，炸雞店店數也一路暴增，創業者多屬三〇、四〇世代的青壯年，然而想透過開炸雞店致富，卻是難上加難。

韓國人每年所喝咖啡量是全球平均值二倍，幾乎是人人一天一杯咖啡，熱愛咖啡乃至成癮，便利商店內各式咖啡應有盡有，說韓國是「咖啡共和國」（커피공화국）也不為過。

韓國「快咖啡文化」的推手之一：咖啡自動販賣機，為此還誕生了一種咖啡類型叫作「自販機咖啡」（자판기 커피）。

年糕（떡）與泡菜（김치）是韓國最具代表性的傳統食物，坊間還傳說韓國女生皮膚之所以會這麼白，就是因為從小吃「白」年糕所致。

韓國煎餅有多種口味，其中綠豆煎餅（빈대떡）雖廣泛流行，卻因為語音流傳的變化，有了「貧者煎餅」的俗稱，讓人誤以為是窮人的點心。

知名的「馬鈴薯湯」(감자탕) 類似臺灣火鍋料理，因此也頗適合臺灣人口味。然而其名稱卻跟馬鈴薯沒有直接關係，而是源自於一場誤會。

韓國飲食文化有「以熱治熱」(이열치열) 一說，天氣越炙熱，人們越愛吃辣燙食物，例如人蔘雞湯 (삼계탕)，據稱能強化身體、增強體力。

「醬油螃蟹」(게장)是韓國獨特的醬料食物，鮮美多汁，口味富有層次，特別適合佐飯，會讓人忍不住多扒幾口飯，被戲稱為「偷飯賊」(밥도둑)。

韓國烤肉由來已久，東漢劉熙《釋名》、晉代干寶《搜神記》所言及的「貊炙」，可說就是韓民族所開發出來的烤肉。

採用牛腿骨長時間熬製出來的雪白色雪濃湯（설렁탕）在韓國流傳已久，據說「雪濃」一詞源自「先農」，故此湯飯料理本用於祭祀。

原屬臺灣的知名茶飲品牌「貢茶」登陸韓國大獲成功，是韓國珍珠奶茶的第一品牌。2019 年被外商完全收購，今已成為全外資企業了。

首爾鬧區有一家以「臺灣」為名的奶茶店，招牌上不僅誤植中華民國國旗，還將珍珠奶茶寫成「陳祖奈察」。

臺灣知名的黑糖茶飲爭相前進韓國，由於黑糖具營養，溶在奶茶中還有視覺效果，遂成為韓國年輕人拍照打卡的新寵兒，儼然是另外一種臺灣輸出。

韓餅（호떡）又稱黑糖餅，是韓國人冬天必吃的經典糕點，據傳源自於蒙古。

韓國街道上隨處可見的鯛魚燒（붕어빵）與雞蛋糕（계란빵）。韓式雞蛋糕不同於臺灣雞蛋糕，其蛋糕上真的有蛋。

在韓國餐廳吃冷麵（냉면）時會附上一把大剪刀，方便剪斷碗內麵條，是讓人印象深刻的食具。

韓戰結束後，關東煮從酒吧移往街邊攤販，從下酒菜變身為果腹點心，原先關東煮鍋內的常見食材都消失不見，只剩下魚板（어묵）。

辣炒豬肉飯（제육볶음밥）是校內學餐的常見品項，價格親民。

大學校園內常見的學餐，所附菜色簡單清淡，但絕對少不了泡菜。

韓國的庶民小吃紫菜包飯（김밥），其實是源自於日本海苔壽司，在臺灣多半稱之「韓式壽司」。兩者最大的差別在於：日本壽司用的是醋飯，韓國紫菜包飯用的是拌過芝麻油的白飯。

炸醬麵（자장면）堪稱韓國全民速食，可當成衡量物價漲跌的指標。而佐以「黑色」醬料的炸醬麵，甚至是「黑色情人節」的重要象徵。

在韓國，一年有十三個情人節，其中十一月十四日是「巧克力棒情人節」（빼빼로 데이），當天男女朋友會互贈巧克力棒以表心意，單身者也會相約一起吃巧克力棒。便利商店貨架上滿滿的巧克力棒商品，足見其商機。

韓國年輕人爲何一窩蜂開炸雞店？

韓國年輕人的未來——餓死、過勞死，或開炸雞店

二〇一七年五月二十八日，日本富士電視臺「新報導二〇〇一」節目，報導當代韓國年輕人的「絕望感」。短短四十五分鐘節目內，光講到未來悲慘之出路片段「起承転鶏（チキン）」（기승전치킨），就占了五分鐘，可謂重要的國際新聞與對韓國社會之洞察。

節目一開始，主持人提到大韓民國第十九任總統文在寅，曾在選前答應釋出包含一般行政、醫療、教育與危險性較高工作（如消防隊員）等八十一萬個鐵飯碗職缺，欲汰換老舊官僚，給人耳目一新的國家氣象，但此政策卻帶起了韓國原本就已經興盛的公職補習熱潮（詳見後文〈杯飯與考試〉）。接著節目畫面鏡頭一轉，就來到配設大大小小攝影機、四方架有電視牆，裡面高達六百位學生聽課的補習班教室，每個學生心中想必只有一個念頭，即想成為那八十一萬公職人員中的一員。

之所以如此，私想跟韓國社會的「約聘制」風氣有關。早從二〇一二年起，韓國社會內就已存在五百九十一萬數量龐大的約聘人員，且以年輕人居多。短短四年不到，二〇一六年全國約聘員工又增加超過五十萬位，來到六百四十四萬人，近年此風仍未消滅。約聘員工工時長、薪水低、無法享受和正職員工相同的社會福利與保險，每天又得擔心被老闆解雇，在這種情況下，誰不想捧個鐵飯碗呢？但這八十一萬個工作機會，真能彌補與保障這些年輕人的出路嗎？

悲慘的是，日本記者訪問韓國當地學者，學者畫出了一張韓國年輕人未來出路圖，根據圖示，不論念什麼科系畢業的學生，最終不是餓死或過勞死，就是開「炸雞店」。

但此圖過於簡單粗糙，甚至是否具分析價值都有待商榷。一則，高等教育怎麼可能僅僅區分成文、理兩大塊領域呢？再者，「行行出狀元」，人生出路絕非僅有「CEO」、「無業遊民」、「作家」這三行，人生怎麼可能如此簡單呢？最後，圖表皆未提及成功人士榜樣，如圖內的CEO，甚至被列為經營不善、跑去開炸雞店的失敗人士，整張圖充斥濃厚的悲觀看法與失敗主義。

就我看來，此圖恐怕是為了節目效果而誇大，並刻意簡化且突顯出韓國年輕人悲慘之出路與炸雞店盛行之社會現象。儘管如此，韓國年輕人未來出路之悲歌與炸雞店之慘澹，只怕超過日本「新報導二〇〇一」所想像。

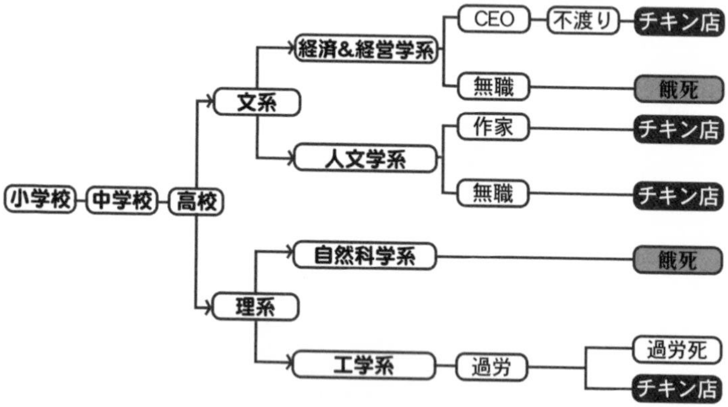

如圖所示，韓國教育體制到了高等教育（大學）之後分為「人文科系」跟「理工科系」，人文科系又分為經濟與管理學系和人文學系，理工科系又分為自然科學系跟工學系。而在經濟與管理學系底下再區分出畢業生之出路為「CEO」跟「無業遊民」，人文學系則區分出「作家」跟「無業遊民」，他們的最終結局——不是餓死就是開炸雞店；至於理工科系年輕人的出路就更為簡單了——即餓死、過勞死，或開炸雞店。（據節目畫面重繪）

炸雞店比全球麥當勞還多

韓國人愛吃炸雞，也愛開炸雞店。隨著近年韓流加持，炸雞風潮更上層樓，如《來自星星的你》（二〇一三）女主角千頌伊（全智賢飾）的經典臺詞：「下雪了，怎麼能沒有炸雞與啤酒呢？」更是把「炸雞配啤酒」（치맥）拱上天；當年度全智賢也代言新興的「ＢＨＣ炸雞店」，把韓式炸雞推銷到國際市場，成為許多赴韓觀光客必吃美食。

近幾年韓國炸雞店（包含品牌炸雞與自營酒吧炸雞店）店數一路暴增，從二〇〇二年時全國一萬六千多家店，經過短短十年時間，在二〇一一年突破三萬六千萬家，以每年平均新增兩千家炸雞店（每年約新增七千多家店，但也有五千多家店停業）的速度持續增長。然而到了二〇一九年，韓國境內的炸雞店竟已高達八萬七千多家，比起在全世界開了三萬五千間連鎖速食店的跨國企業麥當勞還多出一倍有餘，足見韓國人有多麼愛吃炸雞。

韓國炸雞品牌也越不斷推陳出新。二〇一三年時，炸雞店規模大小依序是：「ＢＢＱ炸雞店」（비비큐 치킨），一千五百七十一間；次之為「Pelicana 炸雞店」（페리카나），一千二百四十一間店；第三名為「NeNe 炸雞」（네네치킨），一千零三十九間；排名第四的品牌則是「橋村炸雞」（교촌치킨），有九百五十間分店。

當年第一名「ＢＢＱ炸雞店」的總營業額高達一千七百五十二億韓元（約新臺幣四十四億元），比起第二名的三百一十五億韓元，多上超過五倍。共計韓國境內整體炸雞店總營業額，在二〇一三年突破五兆韓元（約新臺幣一千二百五十億元），比起二〇〇三年的四千億韓元，增加了超過十倍，足見商機的龐大。

弔詭的是，人說物以稀為貴，炸雞作為全民食物，乃至外送熱門餐點，需求量大，理當價格會下降，但其價格卻逆勢上揚，民間甚至還傳出要求政府管控炸雞定價的呼聲。

生雞二千元，但炸雞二萬元

據韓媒報導，韓國生雞（一．六公斤為基準）價格逐年下跌，二〇一一年生雞價格約二千一百韓元（約新臺幣五十三元），二〇一七年跌至一千九百韓元，五年間價格下滑十一%，但同時間炸雞價格卻逆勢成長十一%，尤其是排名前幾名的ＢＢＱ炸雞店，一隻炸雞可賣到將近二萬韓元（約新臺幣五百元）為最高價，其他諸如 NeNe 炸雞、橋村炸雞等也不遑多讓，約為一萬九千韓元上下。

這樣看似不成比例的成本與定價差異，也吸引了媒體注意，專業人士精算一隻「炸雞原料」——從養雞場的人事開銷、雞的營養素、飼料、運送費等成本，至雞隻到了屠宰場，進行雞毛處理、清潔殺菌、宰殺切割、包裝冷藏等加工後，再送到炸雞店等一連串作業過程，已經花了近四千韓元之「最低」成本。而當這些生雞肉賣給品牌加盟店時，每隻雞又得加上一千韓元的「管理」費用。易言之，至此時每隻生雞最保守且最低的成本，已經來到五千韓元（約新臺幣一百二十五元）。

這尚未考慮到加盟店家支付給總公司的龐大加盟金，與向公司購買「專屬」生財器具的開銷；此外，店家料理所用的油、麵粉、吸油紙到包裝紙、附送的醃蘿蔔、醬料等，都是不小的支出；乃至店內工作人員的制服、桌椅擺設、燈光設計、海報菜單、室內空調等，這些同樣是附加在炸雞上的成本。再者，各加盟店有很大一部分營收都歸總公司所有，還有年年調漲的人事薪水、外送機車油錢、水電成本等，零零總總對於店家而言，皆是頗為沉重的負擔。

這樣下來，賣出一隻炸雞能賺多少呢？

目前韓國已有超過四百個炸雞品牌，小品牌多為自家經營的小本生意，專賣鄰里熟客，而大品牌炸雞店為了搶占「國民炸雞」商機與地位，宣傳手法必須推陳出新，行銷花費一年比一年高，尤以代言人費用支出最高。除了之前提到全智賢幫ＢＨＣ炸雞店代言外，該品牌過往的代言人也多大有來頭，如二〇一一年請來申世京與當年超紅團體 BEAST，二〇一三年邀請泫雅代言，二〇一五年請來 miss A 成員「國民初戀」秀智與李鍾碩雙代言，而二〇一七年更是找來防彈少年團！

至於其他知名品牌也輸人不輸陣，如 Pelicana 炸雞店最知名的代言人，除了女團 SISTAR 外，二〇一七年更是請來《請回答一九八八》人氣演員朴寶劍和李東輝；另一間知名的 NeNe 炸雞，則找上「國民ＭＣ」劉在錫；而橋村炸雞最著名的代言人，便是李敏鎬了。

要請來這些大牌明星代言，非得付上高額代言費用不可。反過來看，每個韓國明星也渴望能當上炸雞店代言人，成為「雞王」，一方面代言收入可觀，二方面可間接證明自己是近年最具人氣的明星。

大家應該都有此經驗吧？即透過廣告得知某明星代言某品牌商品，或在店門口看到代言人的人形看板，為了拿到代言人的海報、月曆等周邊產品，而興起消費的欲望。

不得不說，這是韓國炸雞宣傳的成功之處與光鮮亮麗的一面。

但若考量到「雞毛出在雞身上」，商品宣傳的費用如是高昂，是否為好現象呢？這也難怪韓國每年都有人要求政府重新檢視炸雞店定價機制。

開了炸雞店，然後呢……？

若選擇不加盟，自創品牌炸雞店業者又面臨何種難題呢？儘管自創品牌的入門創業金低，但生意也相對做不大，收入微薄，更要面臨大品牌炸雞店侵蝕市場之隱憂。

「誰不想自己開店當老闆，不用朝九晚五去公司上班、看老闆的臉色，每天睡到自然醒！」這麼想的韓國年輕人不少，但他們開了炸雞店，真的比較「有感地」增加了荷包重量、存摺數字嗎？

社會無情的大環境，卻狠狠地告訴他們——並沒有！

韓國「ＫＢ金融經營研究所」報告指出，韓國國民吃下肚的雞肉量逐年增加，一九八五年人均消耗為三．一公斤，到二〇一一年增加到十一．四公斤，短短二十五年間，增加近四倍，且據最新數據，二〇二三年已經成長為十六．五一公斤。這其中一條龍生產流程的改良是重要原因。

值得注意的是，二〇一五〇世代的工作者年齡層中，以炸雞店為創業者多屬三〇、四〇世代的青壯年輕人，兩世代分別占了三十二%與三十三%，共計為六成五。

自己開了店，當起老闆，收入有比較高嗎？

並沒有！

炸雞店老闆年平均所得，約二千五百萬韓元（約新臺幣六十三萬元），相較咖啡廳，輸了一大截，因後者年收入可達四千二百萬韓元。最令人吃驚的是，開炸雞店創業後與創業前收入相比並沒有增加，反而還減少了近九．一五%——細言之，二十多歲在公司上班的年輕人平均年收入約二千六百萬韓元，但開了炸雞店創業後，年收入短少成二千二百萬韓元；三〇世代創業前平均年收入約三千三百萬韓元，但創業後年收入跌至二千四百萬韓元；四〇世代創業前平均年收入是三千七百萬韓元，但創業後年收入也只有二千四百萬韓元；五〇世代創業前平均年收入是三千三百萬韓元，而創業後則是年收入降到二千三百萬韓元。

這也難怪韓國炸雞店每年平均會有五千多間店家倒閉或歇業。誠如報告書所指出來的，韓國炸雞店存活壽命僅僅高於建築與不動產服務，屬高風險倒閉行業第二名，平均存活壽命約二．七年——即一間炸雞店必須營運超過二．七年後，才勉強算是合格店家——遠比其他餐飲業店家平均倒閉或歇業的三．二年，要來得短促。

綜觀之，韓國當地將近有十八％炸雞店會在一年內倒閉或歇業，甚至高達四十九．二％的炸雞店，三年內會面臨經營危機，儘管加盟大品牌的炸雞連鎖店多少能降低一點風險，但保障有限，大約僅減少五％—八％。

是故日本「新報導二〇〇一」所沒看到的炸雞店悲歌，或許比他們報導的還要更多，而韓國年輕人想透過開炸雞店致富的美夢，只怕比他們想像的還要更為遙遠與艱辛。

韓國人瘋開炸雞店，真的賺很大？

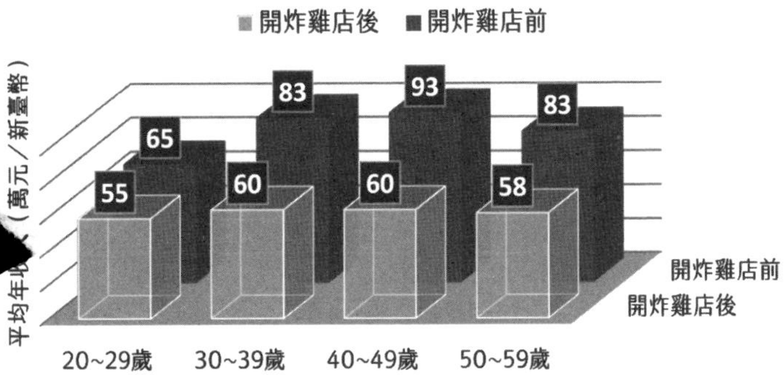

年紀越大，創業開炸雞店越賠錢，甚至把自己所打拚存下的退休金一起賠掉的人也不少啊！

實例——朋友開了炸雞店

我實地採訪在大邱開了炸雞店的友人李基潤（이기윤，四十二歲）。二〇一五年，他於青壯年之際投身炸雞行業，於達城郡（달성군）加盟了「閃電炸雞店」（썬더치킨）。閃電炸雞店為知名品牌，以獨特醃製法與物超所值的價錢[1]，吸引饕客。

李大哥之所以挑選達城郡的新興住宅區開設炸雞店，無非是瞄準未來入住的人潮與商機。但如他所言，光在店的招牌掛上「閃電」二字，就得先付五百萬韓元（約新臺幣十三萬元），更別提之後陸續向總公司添購生財工具，至裝潢好炸雞店、開幕做生意，粗估已經花了將近一億韓元（約新臺幣二百五十萬元）。

炸雞店開幕後，讓李大哥備感壓力的是，他所租的一樓近二十坪的店面，每月得付給房東約二百萬韓元（約新臺幣五萬元）租金。店內所用的食材、醬料、飲料，甚至文宣品等，都得跟總公司叫貨。這樣算下來，一個月要花到五百萬—六百萬韓元。

而李大哥夫婦兩人為節省人事成本，平日也得在店內幫忙，工作包含最基本的雞肉裹粉、下鍋油炸，到外送服務與清潔桌面等，但再怎麼節省，店內基本人事（正常營業時間為下午兩點到凌晨一點）仍得請上一位主廚與一到兩位工讀生，若週末假日生意特別好時，還會多請一位工讀生幫忙，綜合上述開銷，約落在一百五十萬—二百萬韓元之間。統計下來，店內月平均基本開銷已來到七百萬—八百萬韓元。

最後，我好奇地詢問李大哥：「這樣一個月下來，還能淨賺多少呢？」只見他搖搖頭，說：「能賺個三百五十萬韓元（約新臺幣九萬元）就算不錯了！」

1　店內最便宜的原味炸雞，一隻為八千九百韓元（約新臺幣二百二十元）。

喝個痛快

醉在水果燒酒裡

一日，跟韓國友人姬京約會吃烤肉，滴酒不沾的她竟對當時廣受歡迎的水果燒酒（과일소주）感到興趣。

一般的水果燒酒在韓國酒吧都喝得到，只不過酒商把原本店內現調的水果燒酒（一壺〔一千毫升〕約一萬五千韓元，折合新臺幣約三百七十五元），改裝成較為便宜的綠色玻璃瓶（一瓶〔三百六十毫升〕約二千五百韓元，折合新臺幣約六十三元），在二〇一五年上半年，這種瓶裝水果燒酒還限於各大烤肉店「酒促」販賣，人們想要嘗鮮，非得來到烤肉店消費不可。

當天姬京點了一瓶風靡一時的水果燒酒，她倒滿了杯，用嘴唇輕觸了燒酒杯一口，嘗了嘗滋味，這是我認識她近三年來首次看她喝酒。

韓國人愛喝酒眾所皆知，世界聞名，據數據指出，韓國有名的燒酒「海特真露」（하이트진로）等蒸餾酒精類飲料，早在二〇一二年就已販售到其他六十個國家，創下二兆三千四百億韓元（約新臺幣五百八十五億元）銷售額，銷售量為世界第一；且根據世界衛生組織（ＷＨＯ）所公布的《二〇一八年全球酒精與健康狀況》報告，提及韓國人於二〇一五－二〇一七年間每人平均酒精攝取量為十．三升（男性平均酒精攝取量為十六．七升，為女性三．九升的四倍以上），位居亞洲國家前段班；而至二〇二二年，又上升為十．九升，逐年增加。再依韓媒報導，「竟」指出韓國人適當且「有益健康」的飲酒量，為一天兩瓶啤酒，相比臺灣衛生福利部發表的「每日飲酒酒精標準量」，男性不超過五百零八毫升、女性不超過

二百五十四毫升（皆指啤酒），韓國飲酒之風遠勝於臺灣。

然而即使擺脫上述硬邦邦的「客觀」數據，從韓國人日常所去的「酒吧」（술집）觀察起，亦足見其喝酒風氣之盛。

韓國酒物美價廉，酒精濃度十七・五％以上的綠色玻璃瓶燒酒，一瓶售價僅一千二百韓元（約新臺幣三十元）出頭，除了玻璃瓶燒酒外，超市內另販售保特瓶、隨身瓶等各款燒酒，而風行的三比七的韓式「燒啤」（소맥，燒酒加啤酒）喝法，臺灣人也並不陌生。

此外，當地「小米酒」（막걸리，或譯為「馬格利米酒」）一瓶僅需要一千五百韓元，再加上韓流助陣，大力向國際推廣韓國酒類，如二〇一三年的《來自星星的你》，劇內的「炸雞配啤酒」、「下雪天好想喝杯酒配炸雞」，就一舉打開全球酒類市場。

有趣的是，韓國人喝酒風俗多樣，如人們喜歡在烤肉店喝燒酒，下雨天吃煎餅（부침개）配小米酒等，外人想要融入韓國社會，也得先習慣他們頻繁的續攤文化。

酒在韓國社會占據重要位置，從正面而言，如上班族下班後，會小酌一下放鬆心情，兼能促進同事間的感情，有益身心與人際關係。行筆至此，我想到一樁趣事：我年少時從事口譯工作，曾於會場內聽到不通韓語的臺灣朋友說，只要跟韓國人一開喝，到最後就算你講臺語，他們也聽得懂，且韓國人也會跟你回起臺語，足見酒還有助於臺、韓雙方「國際溝通」呢！

然而我們也不能忽略酒的負面效果，若是日常生活太依賴酒精，諸如幫助睡眠，乃至談生意應酬都非酒不可，不禁使人懷疑韓國社會是否酒精濃度超標了？

韓國人特別注重他人對自己的看法，強烈的「被害意識」形構出「間差社會」，自信心來自於他人目光，想要人看得起自己，只有咬緊牙關，踩著對方，繼續往上爬。但即使人們努力奮鬥，好不容易來到上流社會，此時又得煩惱如何維持此地位。如我有一位從美國回到韓國進修的韓僑朋友，住了首爾半年後，直言抱怨韓國是「有錢也不會幸福的社會」。此話不差，正是真實現況的最佳寫照。

那麼，人們在此「間差社會」失敗的話，怎麼辨呢？程度低微者，藉由喝醉酒麻醉自己，暫時逃避他人目光；而嚴重者就是走向寧靜的死亡，選擇極端手段結束自身生命，永遠逃避他人目光，這也就是韓國自殺率屢創新高、總是在已開發國家名列前茅的主因。

喝酒對韓國人而言，不僅僅是喝酒，還是在日常生活內，練習死亡的儀式。

酒文化的興盛，雖說是韓國人緩解被害意識的一種方法，但同時也是導致他們無法真正面對失敗的主因之一——若是喝醉酒就能解決所有問題，還有誰願意酒醒呢？

行文至此，讓我想到那天淺嘗水果燒酒的姬京，她多年不沾酒的原因，大概與我心有戚戚焉，都體會到韓國人生活過於依賴酒精。

但我也好奇，如果我向其他韓國人提到上述問題，他們會不會對我說：「慶德，我們還是先喝一杯，再說吧。」

上流社會愛喝「炸彈酒」

前文提到韓國人愛喝酒，國民飲酒量穩居亞洲國家前幾名，因此也引得不少家喻戶曉的明星爭相代言酒品廣告，如Jennie代言「初飲初樂」（처음처럼），或EXO-SC代言當地市占率最高的CASS啤酒等。這些廣告平日大肆放送，再加上張貼在各大烤肉店、酒吧內的海報，無形間促進酒商生意與民間飲酒風氣。此外，韓國社會還流行一種獨特喝法，那就是「混酒」（짬뽕，原指混有肉片、魷魚、蝦子、蛤蜊等食材的中華料理湯麵，韓國人以此指稱「混酒」），如燒酒混啤酒的「燒啤」即是，且還有「黃金比例」，得經高手調配才好喝，而當地酒商為體恤酒客方便，甚至賣有標示調酒比例線的啤酒杯呢！

就我看來，若說平民百姓的混酒是「燒啤」，上流社會的混酒就是「炸彈酒」（폭탄주）了。韓國人權聯大（인권연대，或譯為「人權連帶」，為韓國人權組織）事務長吳昌益（오창익）曾言及炸彈酒在韓國間差社會

內，屬於上流社會人士喝法，即把平價燒酒改以「洋酒」（양주，威士忌為主）調配，而此炸彈酒美味的「醉人酒效」，後勁十足。

據吳昌益考察，混酒之所以流傳入韓國有兩種說法：一說是來自帝俄時期（一七二一—一九一七）——當時沙俄為了強迫西伯利亞的伐木工人在嚴寒中繼續工作，發明出啤酒摻入伏特加酒作為抗寒祕方，進而傳入到韓國，但此原由過於「牽強」，難以解釋上流社會人士為何喜愛以「洋酒」調配的炸彈酒。故他認為，上流社會流傳起炸彈酒之契機，與韓國總統朴正熙（一九一七—一九七九）之死以及新軍部有關。

朴正熙總統於一九七九年十月二十六日在飲酒餐會慘遭部下槍殺身亡，案發現場上，剛好有一瓶「皇家芝華士」（Chivas Regal，蘇格蘭調和威士忌）洋酒，這瓶酒是由法國跨國企業保樂力加（Pernod Ricard）所製造，在當時人們想入手洋酒實屬不易，大多得透過特別管道（如美軍部隊），加上位居高職的人特愛皇家芝華士，故這支酒所蘊含「總統才能喝到」的形象，深刻在國民心裡，人人都想嘗嘗看（朴正熙）總統喝過的酒。此好奇心和欲望所導致的偏好一直持續迄今，就連韓國人到國外旅遊或出差，也總喜愛在免稅店內隨手買上一、兩瓶皇家芝華士帶回國。

洋酒入手不易，要價更是不菲。到了一九八〇年代初期，檢察官朴熺太（박희태，一九三八—）在江原道的春山市（춘천시）創立了酒廠，開發出洋酒混著啤酒的炸彈酒新喝法，且在新軍部（當時效力於朴正熙與其後全斗煥總統的忠貞部隊）內廣為流行，這種由軍人帶起的混酒文化，後來快速擴散到政壇、法律界、媒體圈，甚至黑社會等領域。越是等級分明的組織內，酒席上的炸彈酒文化就越明顯，傳播得越快。

為何如此呢？

因為炸彈酒並非是一開瓶就能飲用的既成酒品，得經人調配，於是就形成誰在席間能開瓶、掌握「瓶權」者就是老大的隱性階級現象，且老大調製炸彈酒也有「眉角」，他會因對底下人士的態度差異，調配出不同「強烈程度」的炸彈酒。

綜合上述，「享受總統曾經喝過的酒」，且喝得快容易醉，兼表示自己地位的炸彈酒，於二〇〇〇年代紅遍全國，甚至連當家教的大學生也會做炸彈酒。

但風靡社會的炸彈酒亦造成不少職場霸凌事件，引起許多社會爭議，小至興高采烈參加公司酒席聚餐時得被迫面對上司的炸彈酒轟炸，酒量較差者可謂有苦難言；大至兩樁最經典的案例：一九九九年六月七日，大檢察廳公安部長秦炯九（진형구）在白天上班時間，竟與記者們大喝炸彈酒，席間不知是喝得太開心或酒後吐真言，還跟記者透露檢察機關誘導「造幣公社罷工」事件，引來軒然大波，最後不僅導致他本人辭職，法務部部長和造幣公社社長也因而下臺。另外，曾經擔任過外交通商部長的李廷彬（이정빈），他於白天大喝炸彈酒的形象，深植國民心中，而當他喝完炸彈酒後的「炸彈發言」（폭탄발언）更是惹人側目，諸如他曾經說過：「不會喝炸彈酒，就不要來韓國玩。」大倡炸彈酒文化；二〇〇〇年十一月，他於酒席間「意有所指」大開當時的美國國務卿歐布萊特（M. Albright）「胸部」玩笑話，皆掀起社會一陣撻伐。

總歸而言，不論是炸彈酒或燒酒，除作為民風盛愛喝酒的韓國社會一環外，其背後也同時隱含了許多歷史淵源與社會階級結構的問題。

快咖啡文化

我常推薦去首爾遊玩的朋友，務必找一天到仁寺洞（인사동）走走，那裡除了有著古色古香的街道風景，與琳瑯滿目的特色伴手禮外，還有全世界第一間非英文看板的 Starbucks（星巴克）咖啡廳。

說來也有趣，一九九〇年代，韓國第一間 Starbucks 座落在新村梨花女子大學校門口正前方，奠下外來咖啡專賣店龍頭地位，影響最大的是，定下動輒一杯比正餐貴的四千韓元（約新臺幣一百元）的品牌咖啡「價錢」。

然而韓國當地除了上述連鎖大品牌咖啡專賣店外，近年又興起物美價廉的「快咖啡文化」，此文化是由大大小小的「咖啡自動販賣機」與「三合一即溶咖啡」所帶起。

任誰來到韓國都會發現傳統韓式餐廳入口結帳處，往往設置一臺迷你咖啡販賣機，當酒足飯飽的食客輕輕按下機器按鈕，販賣機下方就會馬上彈出一只免洗杯，沖泡出溫熱而提神的三合一咖啡（大多是微糖口味）。儘管二十一世紀環保意識抬頭，韓國政府也認為此類販賣機過於浪費紙杯，要求店家不得再免費提供，客人得投幣消費（一百韓元，約新臺幣三元）。但就我自己實地觀察，大多餐飲業者都是「上有政策，下有對策」，早在櫃檯內準備好百元硬幣，讓人免費投用。

餐廳內的迷你咖啡販賣機並非憑空問世，反倒有一段演進史。它的前身是街頭巷尾的大型自動販賣機。此種咖啡販賣機約於一九四六年誕生於美國，在一九七八年初次引入韓國亮相。但在此之前，韓國當地為數不多的家電和飲品業者，皆早已注意到此黑金（咖啡）商機，故在自動販賣機引入的隔年，韓國的電子業者便齊力大量製造機臺，並火速在各地架設起近四千多臺自動販賣機，掀起一陣旋風。當時一天號稱可賣出一百萬杯紙杯即溶咖啡，獲利龐大，儼然與座落在街道上的咖啡廳分庭抗禮，爭搶市場大餅。

迄今，韓國國民整體的咖啡消費習性，仍以自動販賣機咖啡為重，究其原因，就是「方便」與「價廉」。人們透過擺設在車站、大學校區或公司旁等人潮聚集處的自動販賣機，輕易且便宜地取得咖啡，自動販賣機咖啡於

是越來越熱銷，以致最後還誕生「自販機咖啡」（자판기 커피）的流行語。

咖啡自動販賣機又是如何改良，且走入大眾韓式餐廳呢？

這又與一九九〇年代所爆發的金融風暴有關。自大型咖啡自動販賣機於一九八〇年熱銷後，腦筋動得快的業者又於一九八九年推出迷你咖啡販賣機，鎖定上班族為消費族群，訴求在辦公室就能客製化口味，並命名為「Office Coffee System（OCS）」，足見其設計理念。

然而韓國既遭遇了嚴峻的金融風暴，一九九八年又不得不接受國際貨幣基金組織（IMF）救助，那時民間眾多中小企業破產消息頻傳，被裁員的上班族大多投入餐飲業，尋找事業第二春。「危機即轉機」，他們善用過去在企業內的工作經驗與模式，把辦公室的迷你咖啡販賣機也搬到餐廳內，除了平日能隨手喝上一杯以提振精神外，也能提供客人飯後飲用，吸引食客上門，久而久之便蔚為風氣。

從二〇〇一年開始，迷你咖啡販賣機年產量高達二萬五千臺，之後持續攀升，至二〇〇七年年產量超過八萬八千臺；但另一方面，大型咖啡自動販賣機在二〇〇一年僅生產一萬四千臺，二〇〇七年又大幅下降，年產量不到四千臺，銳減超過三分之二，兩者呈現出一上一下、一強一弱的競爭曲線。

同時，連鎖大品牌咖啡店面對自動販賣機咖啡的競爭，也如履薄冰地應戰，早在一九九〇年 Starbucks 就推出新概念的品牌濃縮咖啡（espresso）專門店，但坊間自動販賣機咖啡的人氣與業績，並沒有受到太大影響。以二〇一二年五月的問卷調查為例，調查採訪了二千一百零三位韓國網友，得出全體受訪者中有四十五・五%「一天喝上一至兩杯咖啡」，且其中七十五・二%受訪者表示，最常喝的咖啡是自動販賣機咖啡或自己泡的三合一咖啡[1]，喝專賣店咖啡的人僅占整體的二十四・八%；而韓國人最喜愛的咖啡種類，是「三合一（即溶）咖啡」。[2]

韓國的三合一咖啡，改良自第二次世界大戰期間美軍所開發的即溶咖啡產品，口味偏甜，故又稱為「韓式美國即溶咖啡」（Instant Korean-American Coffee）。而此處提到的韓國快咖啡文化之興起，明顯與販售即溶咖啡為主的自動販賣機有關。韓國民眾普遍喜愛自動販賣機以免洗杯提供的即溶咖啡，這在世界其他國家的確罕見。[3]

韓國人熱愛咖啡乃至成癮的咖啡文化，也讓介紹韓國文化的國外網紅驚呼：「Coffee mix 在市面上非常普遍，甚至賣得比大米還要好。韓國人每天都會吃飯，但咖啡也喝得不少，最近一年韓國人喝了近七十億包三合一咖啡，而七十億包的數量，相當於全世界每個人都能喝到一包。」此評論並非誇大，因為根據二〇二三年十一月韓媒報導，韓國人每年所喝咖啡量是全球平均的二倍，一人一年會喝上三百六十七杯，讓韓國被譽為「咖啡共

1 其中包含便利商店貨架上紙杯、塑膠杯裝的咖啡與大賣場的罐裝咖啡等。

2 以上資料，再引用：周永河（二〇一九），頁二八八。為求引用文流暢，對其譯文稍作修改。

3 綜觀世界咖啡飲品的興起，的確與濃縮咖啡機（Espresso Machine）的誕生有很大關連，不論是在韓國或臺灣，都能在專門販售咖啡店裡，看見產自各國，外型、機能各異的咖啡機。史上第一臺濃縮咖啡機誕生於義大利，「espresso」（濃縮咖啡）含有英文「express」（快速）意涵，指將咖啡粉裝填入沖煮把手後，透過極大氣壓，讓熱水在大約三十秒內快速沖煮咖啡粉，萃取出濃縮液。普遍而言，歐洲人比較習慣喝濃縮咖啡，美國人則習慣喝以熱水稀釋過的濃縮咖啡，故人們稱後者為「美式咖啡」（Americano）。除此之外，還有大家熟知的，於濃縮咖啡裡倒入牛奶而成的「拿鐵咖啡」（Caffe Latte）、於濃縮咖啡裡倒入牛奶並打上奶泡而成的「卡布奇諾」（Cappuccino），或在拿鐵咖啡內再加入巧克力的「摩卡咖啡」（Caffè Mocha）等眾多種類的咖啡。濃縮咖啡興起史與種類，可參閱：朴賢振（二〇二〇），頁一九一—一九二。

和國」（커피공화국）！

近年來，韓國興起了「簡易（小店面）咖啡攤」，類似臺灣開在騎樓處的手搖飲料店模式，且為數還不少，簡易咖啡攤的咖啡採機器現泡，並以外帶為主，售價也算便宜，五百毫升約為二千韓元（約新臺幣五十元），讓消費者多了另一種選擇。

不過，二〇二〇年起新冠疫情嚴重，為了能一解咖啡之癮，同時又能避免接觸人群、傳染飛沫，韓國發揮了AI大國的實力，由Vision Semicon（비전세미콘）研究中心開發出咖啡機器人，更創立了無人咖啡廳，其店內機器人透過安全衛生的機器手臂，不只能在一、兩分鐘時間，速沖五十多種口味的咖啡飲品，還能透過精準設定，於店內自由移動，將咖啡端上桌給顧客。就我看來，此咖啡機器人未來可能成為趨勢，也是疫情影響下的轉型大商機。

綜觀這些咖啡的販售與演化型態，我們皆可視之為韓國品牌咖啡廳外的「快咖啡文化」。

不產香蕉卻風行香蕉牛奶

弟弟前來首爾旅遊，一下飛機馬上吵著要喝香蕉牛奶（바나나맛 우유）。說來奇怪，韓國緯度高、地屬溫帶，並不產香蕉，且進口（菲律賓）的香蕉還要價不菲[4]，但韓國當地不產的水果所製成的飲品，竟成為國民飲料，其中必定大有學問。

一說到韓式香蕉牛奶，大家首先想到的，一定是黃澄澄、胖嘟嘟的瓶身包裝。這是一九七四年賓格瑞（빙그레）公司所推出的飲品。剛推出時，人人稱讚其保留韓國傳統文化，因為瓶身像極了醃泡菜所用的罈子。迄今半個世紀過去了，儘管標示飲品的字體、顏色或包裝大有變動（如另推出方正鋁箔包裝與三角形隨手包），但最受歡迎的仍是胖嘟嘟瓶身的香蕉牛奶。

香蕉牛奶何時興起的呢？這可回溯到上個世紀，韓半島剛結束二戰與

4　一串約十根的香蕉，賣到四千韓元（約新臺幣一百元）不等。

韓戰，百廢待舉，亟需安養休息，當時百姓貧窮普遍喝不到純牛奶，偶爾只能以奶粉頂替。等到一九六三年朴正熙總統上任，以強硬鐵腕帶領社會改革，大力推動「漢江奇蹟」，欲讓國民飲用牛奶作為擴大消費政策，賓格瑞公司便抓準商機，推出了「高貴」的香蕉牛奶。它之所以高貴，一方面是韓國當地不產香蕉，物以稀為貴；再者是香蕉牛奶強調原乳占了高比例的八十六%，實屬高級乳飲，當時若小朋友能在學校喝上一瓶，必定會招來同學的羨慕眼光。

根據統計，香蕉牛奶上市半個世紀，早已販賣超過六十億瓶，刷新乳飲品歷史銷售紀錄，但除了口味獨特、好喝，能讓它一路長紅熱銷的主因，不得不歸功於賓格瑞公司的「宣傳」。

賓格瑞公司在打造香蕉牛奶王國時，一開始即視其為品牌主打，為了現今一瓶約一千二百韓元（約新臺幣三十元）的飲品，投入了大量資金，請來大牌明星代言，如一九八〇年的南宮玉芬、李宜貞，二〇〇二年的李在皇、鄭素英，二〇〇三年的宋智孝，二〇〇四、二〇〇五年的金來沅，二〇〇六年的李英雅，二〇〇七年的羅文姬、鄭俊河、徐敏靜、崔民勇，二〇〇八年的秋成勳，二〇〇九年的少女時代，二〇一〇年的李敏鎬，二〇一三年的金宇彬，二〇一五年的李光洙，至二〇二〇年的ＩＵ等人，幾乎每年都會更新代言人，帶給消費者新鮮感，且這些代言人都是當年度最紅的明星，明星們也皆渴望接下香蕉牛奶廣告，好透過國民飲料享有「國民代言人」之崇高地位。

香蕉牛奶除了請來知名代言人外，更在暢銷韓劇，如《咖啡王子一號店》（二〇〇七）、《閣樓上的王子》（二〇一二）、《請回答一九八八》（二〇一五）與《孤單又燦爛的神——鬼怪》（二〇一六）等，強力置入性行銷，藉此打開國際市場。

近年來，香蕉牛奶更走出超市冷藏架，晉級到開專賣店。二〇一六年三月中旬，東大門開幕了「香蕉牛奶咖啡廳」旗艦店，店外擺上與真人等高的香蕉牛奶瓶，吸引路人目光，店裡則販賣大量文創產品，如香蕉牛奶手機殼、各式票卡或貼紙，當然也有特色飲品，如香蕉口味的拿鐵等，大力吸金，每天排隊想入內一嘗韓國國民飲料的觀光客絡繹不絕。這也難怪弟弟一下飛機就想喝香蕉牛奶。

你說，不產香蕉的韓國，竟能把香蕉牛奶打造成國民飲料與文化圖騰，此等行銷能力與宣傳策略，強不強呢？

我常言韓國人的生活樣態為「白天喝咖啡提神加班，晚上喝酒排解壓力」，而香蕉也被應用到酒類，繼之前廣受大眾喜愛的水果燒酒後，「香蕉小米酒」（바나나 막걸리）也問世了。

韓國人愛喝酒，世界有名。酸酸甜甜的小米酒是當地人所好，一般人也知道喝小米酒要適量，以免隔天宿醉頭痛。然而有人偏信小米酒由米釀成，若不配高熱量的下酒菜（如炸雞），單喝含米量高的小米酒能有助減肥，於是便有業者在新問世的香蕉小米酒瓶身上，標示出「愛瘦人士」最關心的白米含量與酒精濃度，好分食小米酒商機。

韓國人把香蕉應用在小米酒，是偶然的嗎？究竟我們該用什麼樣的眼光看待呢？不管是之前熱銷的藍莓、葡萄柚、檸檬等口味的水果燒酒，或是現今的香蕉小米酒，是否讓他們都酒醉了？

但我更好奇的是，當跟韓國朋友提起香蕉小米酒，他們會不會又對著我說：「慶德，我們還是先喝一杯，再說吧。」

這食物讓人嘴巴停不下來

黏起「我們」的年糕

韓國人的餐桌上，除了「泡菜」（김치）外，「年糕」（떡）也是常客，年糕甚至不僅僅是出現在餐桌上，人們日常對話也會用到其意象，如諺語「누워서 떡 먹기」，用來形容事情輕鬆容易不費功夫，就像「躺著吃年糕」一般簡單；或「그림의 떡」（圖畫中的年糕），形容看得到吃不到。

說到年糕，想必大家首先想到的大多是「辣炒年糕」（떡볶이）。的確，韓國男女老少都愛吃此物，國高中生放學後總愛呼朋引伴，三五好友來到路邊攤（포장마차）吃些年糕果腹。新奇的是，我還曾聽韓國友人說過，當地女生皮膚之所以會這麼白，跟從小愛吃一條又一條「純白」的年糕有關——但這恐是以訛傳訛的「偏方」吧！

除了辣炒年糕，韓國逢年過節，年糕料理必不缺席：在農曆新年初一一早，人們都喜歡吃上一碗年糕湯（떡국），祈求闔家平安，兼「招財進寶」。而中秋節（추석）時，人們會在家製作年糕，抑或上街買塊美味年糕享用。足見年糕對韓國人而言，不僅是「食物」，更是貼近生活的「實物」。

妙的是在我撰寫此文時，發現有些韓國料理的食材，根本與「年糕」沒有太大關連，但韓國人仍喜歡冠上「年糕」一詞加以美化，如著名的食物「牛肉餅」（떡갈비）。[1]

牛肉餅的味道，就像漢堡內的牛肉片，料理方式是將牛小排嫩肉剁碎調味，進而壓扁烤熟，由於牛小排鮮嫩部位的肉較少，有些人會混加豬碎肉，「增大」分量，也藉由其油脂使牛肉餅的口感變得更加柔軟。

而牛肉餅之所以被稱為「떡갈비」，有三說——一說是廚師削剁壓揉碎肉的「動作」，像搗碓年糕而得名；二說是指完成的牛肉餅「形狀」，很像端上祭祀桌的「蒸糕」（시루떡）；三說是針對牛肉餅「口感」而言，謂牛肉餅吃起來像年糕一般有嚼勁。以至於到最後，真的還有些商家在牛肉餅中添加碎年糕，使其名符其實。

然而不管是哪種說法，韓文牛肉餅加上「年糕」一詞，總給人帶來對故鄉或農村食物之懷舊感，因此只要出了首爾，來到非都會區的地方小鎮，隨處都能看到販賣牛肉餅的店家。甚至到了二〇〇〇年代末，牛肉餅突然成為紅遍全國的美食，跳脫傳統市場攤桌，登上高級餐廳菜單，當時許多商家為了推銷，對外還宣傳牛肉餅為傳統「宮中佳餚」呢！

牛肉餅利用牛、豬碎肉製成，解決了肉攤或餐廳內「食之無味，棄之可惜」的碎肉，也讓人們大享口福，可說一舉兩得，但回過頭來看，牛肉

1 請參閱：黃教益（二〇一八），頁七八—八五。

餅食材似乎真的與「年糕」沒有太大關連呢！

看似料理簡單、日常可見的年糕，其實蘊含許多韓民族的精神。美食家黃教益（황교익）考究後，認為韓國年糕起源極早，甚至早於米飯出現前，且人們之所以愛吃年糕，與料理器具、碾米技術、共食方便有關。

古時人們煮米飯需要使用大鐵鍋，但在朝鮮半島[2]戰爭頻傳的三國時代（四二七—六六〇），鐵器大都被拿去鑄成武器，加上碾米技術並不成熟又費時，把粗糠加工磨粉後，做成年糕吃更省時省力，故當時的料理器具以蒸籠類的蒸具為主。現今出土的三國時代遺物，便有著為數不少用來蒸年糕的蒸籠。

而在朝鮮半島中央集權國家型態出現前，人民長期過著以血緣為主的「部落」生活，但人數眾多的部落，若想全體共同進行炊事與用餐著實不易。我們不難想像古代部落中大家族彼此互持互助生活，面對物資不足、料理器具欠缺等問題，最簡單的方式即是把穀物磨粉蒸熟，然後大夥圍坐共食，一起飽餐一頓。

此外，年糕另一個優點是保存較易，即使涼了變硬，只要適度地乾燥保存，用熱水汆燙即可軟化食用，這就成為了「年糕湯」的雛形。

嘗過年糕的人都知道，年糕若沒有加上醬料佐味，口感極為清淡且黏牙，並不會勾起人強烈的食欲，但自古以來人們皆吃得津津有味而流傳至今，其原因想必是席間的家族交流、噓寒問暖，為年糕增添了風味，於是年糕料理反倒成為把大家黏在一起的「共食料理」。

今日，韓國人視為一年最重要的農曆年節祭祀時，年糕在神明與祖先的供桌上也不會缺席，之所以如此，在於傳統韓國儒學家認為年糕是比已知用火的祖先又更早的先人所流傳下來的食物，故以年糕祭拜更能追念到更古老的祖先。

因此我們也就不難理解，起源已久且長期作為韓民族主食的年糕，儘

2 大韓民國（即韓國、南韓）走過上個世紀一九九七年金融風暴，浴火重生，加上數十年來因經濟、文創等軟實力，於全球嶄露頭角，二十一世紀更颳起「韓流」旋風，擦亮國家品牌，引來注目。於是韓國政府開始強調主體性，要求過往被外人俗稱的「朝鮮半島」，改稱「韓半島」。我基於此轉折，折衷以韓國光復前（一九四五年）稱半島為「朝鮮半島」，而後則稱之為「韓半島」，好符應臺灣讀者一般閱讀習慣與韓國主體性之呈現。

管經歷了料理器具異動、碾米技術改良與共食文化改變，仍是緬懷祖先、保存民族精神時不可或缺的食物之一。

是綠豆煎餅還是貧者煎餅？

韓國當地有種獨特風情，就是人們喜歡在下雨天，三五好友聚在街頭巷尾的煎餅店內，聽著鐵板上與雨聲相呼應的滋滋作響煎餅聲，談笑風生地喝著小米酒，等到熱呼呼的煎餅上桌，讓這寒冷的雨天增添點溫度。

有人說下雨天大啖煎餅、豪飲小米酒的風俗，是因韓民族自古以來以務農為生，若老天下起大雨，不讓人耕田工作，不賞飯吃，人們也沒法子，只好雨中作樂，開起煎餅小米酒趴，連繫左鄰右坊感情，構成雨天的另外一番人情風味。

到了二十一世紀，一般煎餅店所販賣的基本煎餅種類，有蔥煎餅、泡

菜煎餅、海鮮煎餅、肉煎餅與綜合煎餅等，但「綠豆煎餅」（빈대떡，或譯為「綠豆煎」，為了行文方便，以下以「綠豆煎餅」為主譯名）反而罕見，若想要一嘗綠豆煎餅美味，得來到專門的煎餅店才吃得到，如首爾當地的避馬街（피맛골）或清進洞（청진동）等地。

為何如此呢？私想與綠豆煎餅不討人歡心，且被汙名化的名稱有關。自古以來，韓民族喜歡吃的綠豆煎餅，詞源來自於漢語。而稍微對韓語有概念的朋友都知道，韓語「同音異（漢）字」比例極高，如與사기（sa-gi）同音的有「士氣」、「史記」、「詐欺」與「邪氣」等多達二十二個歧異漢語，전기（jeon-gi）則有同音詞「電器」、「傳記」、「傳奇」與「前期」等十八個之多。

綠豆煎餅的詞源，據曾任職過國立首爾大學文理學院院長的方鍾鉉（방종현，一九〇五－一九五二）所言，他考究朝鮮王朝（一三九二－一八九七）培養譯官的司譯院所使用的教材《朴通事諺解》（박통사언해，一六七七），發現當時指稱「用石磨將綠豆磨碎後，做成煎餅」的綠豆煎餅之「餅者」發音，與中文的「餅食者」相近，間接證明綠豆煎餅是源於中

國之食物，非韓民族固有之美食。

而更為重要的是，證實了綠豆煎餅的名稱是漢語轉音。「餅者」（bing-jyeo〔빙저〕）一詞，十七世紀時發音為「bing-jya」（빙쟈），十九世紀末又再次變音為「bin-jya」（빈쟈），而支持此上述兩世紀的音變文獻，分別是《閨壺是議方》（규곤시의방，一六七〇），書中明確記載綠豆煎餅的料理法為「餅者法」（빈쟈법）；與《閨閤叢書》（규합총서，一八〇九），也同樣提及「餅者」（빈쟈），不僅以「餅者糕」（빙자떡）稱呼綠豆煎餅，更詳細說明其製作方法為：「把綠豆磨成細末狀後，立刻將大量的油倒入煎鍋內，並用勺子舀綠豆糊倒入滾燙的鍋中，之後在綠豆糊上方，撒上拌勻蜂蜜栗子所做成的餡料，接著倒入綠豆糊覆蓋。之後以湯匙用力按壓，做出像花煎餅（찹쌀부꾸미）的形狀，再把松子鑲在上方，而大棗則是鑲在煎餅四周，最後煎熟。」[3]

但依此法製作出來的煎餅，不似人們今日吃到的綠豆煎餅，反倒更像是精美的「花煎餅」，因為我們可以看到十九世紀製作綠豆煎餅所使用的材料，還包含蜂蜜、松子與大棗等食材，此與後來說綠豆煎餅是「專為窮人準備的食物」的說法，還沒有任何關連。

時間來到十九世紀初期，被當成簡易食譜且「像花煎餅的形狀」的「餅者」煎餅，已經深入民間。可是十九世紀末期後，因其發音「汙名化」綠豆煎餅，使得這道料理在二十世紀初的文獻內，「餅者」開始轉變為「餅者糕」（빈자떡）或「餅者」（빈자）等詞，而正因為「餅者糕」發音近似「貧者」（빈자）所吃的「年糕」（떡），故後來綠豆煎餅就被人誤認為是貧窮的人所吃的糕點了。

一九二四年，李用基（이용기）所著述的《朝鮮無雙新式料理製法》（조선무쌍신식요리법），便主張是因綠豆煎餅用了「貧者」發音，故被誤傳是窮人所吃的食物；同時他也考察綠豆煎餅的料理方式，說明綠豆煎餅使用了糯米、多顆雞蛋與大量的油等，實非困苦階層能吃得起的食物。故他推論綠豆煎餅應是首先出現在國家祭祀場合上，因「宮廷祭祀時，為了

3 請參閱：宋永心（二〇一九），頁三〇七—三〇八。再引用。此處為求行文流暢，修改譯筆，同時刪除冗贅資料。

讓祭品看起來較為豐盛，會把綠豆煎餅墊在各種燒烤肉下方，再裝盤呈上供桌；等到祭祀完畢，各種燒烤食物的豐富油脂和調味料，已滲入綠豆煎餅內，最後使底層的綠豆煎餅本身也成為一道美味的佳餚。」故就李氏之見，將綠豆煎餅視為窮人所吃之糕點實有待商榷。

但話說回來，綠豆煎餅除了「貧者」語源音變外，它在韓半島也早已遍地開花，且創造出不同料理方式與名稱，諸如在全羅道稱為「烙餅」（부꾸미）或「破爛餅」（허드레떡），在黃海道稱為「粗煎餅」（막부치），在平安道稱為「綠豆煎餅」（녹두지짐）、「煎餅」（지짐이或부침）；另外也有「貧者法」（빈자법）、「貧者餅」（빈자병）、「綠豆煎餅」（녹두전병）與「綠豆炙」（녹두적）等多種稱法。而現今人們常吃到的那種加了肉類與綠豆芽的綠豆煎餅，極有可能來自北韓平安道，因為平安道煎餅內多會加入五彩繽紛的豆沙，比起南韓的綠豆煎餅，分量大上了三倍左右，飽食感大大提升，故廣受南韓人喜愛。[4]

綠豆煎餅詞源說法不一，演變多元，足見越多人吃的東西，流傳區域也越廣，且隨著各地的語音不同，名稱多少也相異。雖偶被誤解是貧者常吃之煎餅，仍無礙於此種小吃成為深入民間的日常食物。

名不符實的馬鈴薯湯

臺灣朋友去韓國旅行，除了購物、參觀名勝古蹟外，少不了的就是品嘗當地美食，而喜歡逛便利商店的我，最近發現一樣廣受年輕女性喜好的零食，即強調低熱量，且寫著大大漢字「秀美」的洋芋片（수미칩；一包分量八十五克左右，價錢為一千七百韓元〔約新臺幣四十三元〕不等）。除了原味口味外，也有韓國人喜好的蜂蜜等數種口味，而在其包裝後面，業者還特地標註「馬鈴薯品質好的話，做出來的洋芋片也好吃」等標語作為

4 此處多樣煎餅名稱資料，可參閱：宋永心（二〇一九），頁三〇九。

宣傳噱頭，強調該產品是使用最新技術加工現採新鮮馬鈴薯所製成。然而「秀美」不僅是零食名稱，它更是一種「品種名」，即源自一九六一年由美國育成的「秀美種」（수미종）馬鈴薯品種。

朝鮮半島出現馬鈴薯（감자）作物有好長一段歷史。據史書記載，朝鮮王朝後期實學者李圭景（이규경，一七八八－一八五六）的《五洲衍文長箋散稿》（오주연문장전산고），就曾提到「馬鈴薯」此名稱，故人們推斷馬鈴薯作物大約於十九世紀初就已經出現在朝鮮半島。爾後，人們擴大種植馬鈴薯，抑或說韓國近代馬鈴薯改良之契機，乃是出現在「日帝強占期」（일제강점기，一九一〇－一九四五）。當時日本帝國為了壓榨殖民地經濟利益，要求朝鮮居民上繳稻米外，同時也推動以馬鈴薯取代稻米的政策。首先在半島推廣的馬鈴薯品種，是稱為「男爵」（남작）的馬鈴薯——一九〇八年，日人川田龍吉（一八五六－一九五一）男爵輾轉從英國帶了一八七六年於美國育成的馬鈴薯，回到日本自營農場種植，進而將此品種命名為「男爵馬鈴薯」。此男爵馬鈴薯約在一九二八年左右被引入朝鮮半島，成為日本推動普及馬鈴薯作物工程之指標，迄今日本（如北海道）與

朝鮮半島上仍有二十餘種馬鈴薯品種與之相關。但後來韓國人卻把它視為江原道的本土馬鈴薯。

男爵馬鈴薯當初會被廣泛種植在朝鮮半島的主因，在於半島山地地形多，占了土地面積七〇％以上，能種植稻米作物的平原稀少，故日本於咸鏡道、平安道、江原道等偏僻山區，大力推廣種植馬鈴薯作物。

雖說當時日本是為了壓榨殖民地才種植馬鈴薯，但馬鈴薯產量極高，收成後也不需費力加工，即可做成年糕、麵疙瘩、煎餅、麵條等各樣果腹食物，對那時候困苦貧窮的朝鮮百姓來說，無疑是最具經濟性、最能填飽肚子的農產作物。

而等到韓民族擺脫日本殖民（一九四五）後，馬鈴薯的品種改良並沒有停止，我們現今在便利商店看到的「秀美」洋芋片，就是由一九六一年美國威斯康辛大學開發出的「秀美種」所製成；一九七〇年代，秀美種馬鈴薯被引入朝鮮半島種植，不久便與男爵馬鈴薯分庭抗禮。

跟男爵馬鈴薯相比，秀美種馬鈴薯屬於黏質馬鈴薯種，煮熟後較具黏性，且更能抵抗病蟲害，收穫量也較高。憑著這些優勢，秀美種很快就在半島上普及開來，二〇〇〇年代後，半島上所種植的馬鈴薯，八〇%以上都是秀美種。

再後來，如同大家所見，韓國零食製造商加工秀美種馬鈴薯，做成洋芋片上架販賣，其品牌名稱「秀美」即是翻譯秀美種的英文名稱 superior 而來，此名取得極好，讓人不由自主聯想到此品種馬鈴薯特出的美味與外觀。

不過一提到馬鈴薯，除了上述秀美洋芋片外，也不能忽略很適合臺灣人口味的韓式料理「馬鈴薯湯」（감자탕），但嚴格而言，此名稱起初恐怕與馬鈴薯沒有太大關連，可說是一場美麗的錯誤。

韓國馬鈴薯湯，其實就像臺灣的火鍋，但馬鈴薯湯內的肉材，非牛豬羊雞魚等肉切片，而是在湯底內放入一塊塊豬大骨，再加上馬鈴薯、金針菇、大白菜、乾香菇，與芝麻葉、青蔥等香料，之後撒入紅通通的辣醬熬煮。店家還會附上一碗白飯，或在湯內加入冬粉／麵條，讓饕客搭配食用。

馬鈴薯湯依共餐人數可加大，小鍋分量（兩人食用）約為二萬五千韓元（約新臺幣六百二十五元）起跳，大鍋分量約為三萬五千韓元。雖有一人份鍋底，但一般人仍習慣在下班後，與公司同事一起到馬鈴薯湯店，共點一大鍋，喝上幾杯燒酒，嘻笑暢談。

然而有意思的是，馬鈴薯湯雖然冠有「馬鈴薯」之名，但此湯得名之由來卻無關馬鈴薯，反而此料理是否可稱為「馬鈴薯湯」有待商榷。馬鈴薯湯之所以叫馬鈴薯湯，一說是因某次韓國廣播節目中的來賓不知是出於開玩笑還是蓄意誤導，在介紹馬鈴薯湯由來時，提到豬體內有一塊「馬鈴薯骨」（감자뼈），強調店家即是用此馬鈴薯骨熬煮五至六小時高湯後，再搭配一些白菜乾等煮熟食物，這才成為馬鈴薯湯。沒想到人云亦云、以訛傳訛，導致現今韓國人都認為豬骨中真的有一塊馬鈴薯骨，而用這塊馬鈴薯骨下去熬煮的高湯料理，即為馬鈴薯湯。但弔詭的是，專家尋遍豬身肉骨處，從未發現這塊名叫「馬鈴薯骨」的部位。

嚴格來說，「馬鈴薯湯」的前身，應該是沒有加入「馬鈴薯」食材的「豬脊骨白菜乾湯」（뼈다귀해장국）。[5]

5 文內馬鈴薯、馬鈴薯湯等相關資料，再引用：黃教益（二〇一八）。

豬脊骨白菜乾湯，舊稱為「豬骨醒酒湯」或「豬骨湯」（뼈다귀국），是通宵喝酒喝得醉醺醺的韓國人在最後一攤散會前，抑或趕著清晨上班之際，最愛喝的辣味「醒酒湯」（해장국）。

跟可多人一起食用的馬鈴薯湯相比，此醒酒湯大多為一人份，約莫只要七千韓元（約新臺幣一百七十五元）左右，雖然鍋內的食材佐料，與馬鈴薯湯相似，但大多缺少馬鈴薯此一食材；儘管有些店家突發奇想在醒酒湯內加入了馬鈴薯，且稱其為「馬鈴薯豬骨醒酒湯」（감자뼈다귀해장국）或「馬鈴薯豬骨湯」（감자뼈다귀탕），但在當時仍屬罕見。

這種加入馬鈴薯的改良醒酒湯，約到了一九八〇年代，有店家為了方便稱呼，拿掉了馬鈴薯豬骨湯內的「豬骨」兩字，簡稱為「馬鈴薯湯」，於是形成現今我們吃到的馬鈴薯湯原型。

馬鈴薯湯廣受庶民喜愛，正因其名稱就含有一股濃濃鄉土風，讓許多離鄉背井來到大城市的勞動者因此回想起家鄉味；且馬鈴薯湯分量也越做越大，方便人們團聚用餐。

但在此須強調，馬鈴薯湯內的豬大骨是豬的「脊椎骨」（등뼈），非人

們遍尋不得的「馬鈴薯骨」。

現今你若親身走一趟傳統市場，可看到許多肉攤商家會貼上都會傳說的「馬鈴薯骨」標籤來兜售。從另一方面來想，也許是店家體恤採買者，讓人能夠快速選購到製作馬鈴薯湯的專用豬骨吧。

後來，這塊從來就不存在的「馬鈴薯骨」，反倒由「馬鈴薯」取代，漸漸改良醒酒湯、大鍋豬骨湯等料理，形成今日我們所吃到的馬鈴薯湯。

總之，馬鈴薯這樣高經濟效益的作物，從十九世紀就出現在朝鮮半島，經過日本殖民時代普及種植男爵馬鈴薯，隨後又傳入現今韓國人常吃的秀美種馬鈴薯，在過往糧食短缺時期，曾是半島上居民重要的活力來源，到了二十一世紀，則搖身一變，成為年輕人愛不釋手的熱門零食。

從地方紅到全國

烤腸烤出一條街

臺灣人樣樣愛拚ＣＰ值，大邱「安吉朗烤腸一條街」（안지랑 공찹골목）拚的又是什麼？

如果說日本京都出美女，在韓國則是大邱美女多。不過大邱除了是美女之都外，美食也是一絕，在首爾很多烤腸店看板上都會掛上「大邱烤

腸」（대구 곱창）為號召攬客。而大邱特產美食，其中一樣就是烤腸了。

韓國烤腸一般可分為烤牛腸跟烤豬腸，這裡的「腸」指的是牛、豬的小腸部位，因腸的分量較小，除了單烤外，通常也會搭配冬粉、野菜，油膩但富嚼勁，不論是當正餐或下酒菜，都很「涮嘴」。許多店家還會利用炒過小腸的鐵盤上殘留的牛油或豬油，加入海苔飯，做成烤腸炒飯（곱창볶음밥），味道實屬獨特，饕客若還吃不飽，也可加點腸鍋（곱창전골）。

韓國人不僅愛吃小腸，也好吃大腸頭（막창），大腸頭指的是牛、豬大腸最尾端連接肛門的最後一段腸子，店家多選用豬腸，一方面取得容易，二方面也較便宜，不過真正懂吃的饕客會選擇價格較高的牛「皺胃」[1]的牛大腸（소막창）。大腸頭相較起小腸，分量大上許多，油脂含量高，也更為油膩，烤的時候得小心注意油汁噴出。大腸頭少見熱炒或湯鍋類料理，最傳統的吃法即微烤後混著一點鹽巴、洋蔥，或搭配烤豬頭皮（돼지껍데

1 又稱「真胃」，比起牛的其他三個胃室（瘤胃、蜂巢胃、重瓣胃），皺胃是真正具有消化功能的胃，入口柔軟卻很有嚼勁。

기）趁熱入口。此外，還有烤大腸（대장），只不過比起前兩樣，烤大腸最為油膩，較不得顧客喜愛。

為何一提到烤大小腸，十之八九的韓國人都會指向大邱，甚至大邱人也以烤腸為傲呢？原因除了大邱人特別挑嘴愛吃，這還得從大邱市中心南區的大明洞（대명동）有著一條有名的「安吉朗烤腸一條街」講起。

我曾與臺灣友人曾大哥，數次前往安吉朗烤腸一條街考察。一九七九年，安吉朗最初以傳統市場為人所知，直到二〇〇〇年後，才慢慢轉型成烤腸一條街，市場入口處招牌換過數次，今日見到的是巨大又炫目的彩光LED招牌。隨著韓國近幾年大力推行國內觀光業，烤腸一條街入口招牌上也標示出「年輕人的街道」（젊음의 거리）字樣，力圖吸引當地年輕人來此一嘗此傳統的美味烤腸。

為了推廣烤腸，把安吉朗打造成年輕人的街道，打破一般人印象，會吃內臟、烤大小腸的人大多是上了年紀的「阿祖西」（아저씨，大叔），此處店家都會給予學生全品項九折優惠，希望吸引更多年輕世代。

根據大邱文化觀光網頁統計，半公里長的烤腸一條街內已進駐七十多間店，每間店家小巧並列，空間十坪左右而已，少見推車攤販；而就我實際到訪經驗，店面數量亦約莫如此，且越晚人潮越多，尤其在夏夜，家家座無虛席，人們邊喝著清涼啤酒邊吃烤腸，嘻笑聊天，好不愜意。

更吸引我目光的是，整條街「統一菜單」都是烤小腸與大腸頭，少見其他料理，有的話也只不過是簡單的麵條、白飯與煎餅。

安吉朗每間店統一菜單價格——烤腸五百克（一人份）一萬四千韓元（約新臺幣三百五十元），生大腸頭兩百克、醃大腸頭一百五十克則各是九千五百韓元（約新臺幣二百四十元），看似價錢貴了一點，但人們可不介意。

為何？因為烤腸一條街罕見有「不良」店家破壞價格，打壞行情，所有店家除了菜單統一，連價錢也一致。若是有人削價競爭，在此處也難以受到消費者青睞，因為顧客心想這裡七十多間店家都賣A價格，為何只有你便宜賣B價格呢？羊毛出在羊身上，食材恐會有問題。

若與首爾相比，首爾一人份烤腸約一萬韓元，而大邱當地「非」位於安吉朗的烤腸攤，價格甚至便宜將近三成，但大邱當地人可不吃CP值這一套，反倒願意來到安吉朗大快朵頤一番。

「要是臺灣出現這樣一條街，我跟你保證，一定會有店家把價錢壓低，打壞行情！」經營桃花源餐廳二十多年的曾大哥跟我說：「你知道我為何每次到大邱，都喜歡來烤腸一條街嗎？因為我喜歡這裡做生意的氛圍，以及來這兒消費的顧客氣氛。簡單說，一條街價錢統一，來到這裡的遊客找的不是哪間比較便宜，反而第一眼會看店家用的食材是否新鮮、店內裝潢是否吸引人、服務生態度是否夠好、用餐環境是否乾淨等，之後吃的就是廚師的手藝。萬一這間不好吃，包準下次就不會再來了。這七十多間的店家比的是自己的食材與手藝，沒有人在比什麼價錢的啦！有時候，商家肯壓低價錢做生意，食材多半有問題，消費者想找便宜的吃，但總要有個行情價吧？同一條街人家都賣一盤兩百，只有一家店賣一盤一百，你真的敢吃嗎？拚俗、拚便宜，真的是會害死人啊！」

的確，在號稱韓國最大獨立統一菜單的安吉朗烤腸一條街內，若是出現「破盤價」店家，除了傷害左鄰右舍感情外，街區管理員大概也不會對此「歪風」視若無睹。若要漲價，必定是整條街共同商議，提出合理的共漲理由，因此前來此處的饕客在意的絕非是哪間店的價格便宜、CP值高，而是哪間店的食材更為新鮮、用餐環境更好。

統一菜單、統一價位、統一促銷（只給予學生九折）的做法，成功帶起大邱烤腸一條街的名聲；二〇一八年，此街更被官方認證為韓國國內五大主題餐飲街，前來此處的遊客逐年增長。

過往被丟棄、不被青睞，且被視為老一輩才愛吃的烤腸，安吉朗烤腸一條街卻以全新的行銷手法，成功推廣了此道料理，除了讓年輕人認識上一代口中的傳統美味，也讓我這位外國人見識到韓國人做生意的另外一面。

螃蟹成了「偷飯賊」

某日我在臺灣便利商店內，驚見韓國獨特的（微波）醬料食物，那就是「醬油螃蟹」（게장）。醬油螃蟹被韓國人稱為「偷飯賊」（밥도둑），因為重口味的鹹辣醬料與新鮮的蟹肉，搭配白飯，往往會讓人不自覺多扒幾

口飯，就好像飯被「偷走」了似的。

但是韓民族是如何誕生出這道醬油螃蟹料理的呢？為何朝鮮王朝時，還流傳著餵蟹吃牛肉、雞肉等「奢侈」的養殖與醃製方式呢？

韓半島三面環海，海鮮資源豐富，其中西部海域盛產花蟹（꽃게，或譯為「梭子蟹」、「錐子蟹」）。花蟹與其他螃蟹相比，胸甲寬大、後腳末端寬扁如扇，主要棲息於水深二十至三十公尺的沙質海床，白天隱身岩石沙礫間，晚上才出現，多利用雙螯獵捕小型魚類等生物為食。花蟹蟹肉十分鮮甜，特別是腹中孕育著滿滿蟹卵的母花蟹，醃製成醬油螃蟹更具美味。

韓民族為了更好保存這些腹帶滿滿蟹卵的新鮮花蟹，開發出「醬油螃蟹」的發酵料理，把秋天捕獲到的花蟹，一直保存到冬季或隔年春天食用。醃製醬油螃蟹並不困難，人們一般會先釀製好醬汁，並在醬汁內添加大蒜、葱與生薑後一起熬煮；高級一點的料理法，則會再加入香菇、鯷魚高湯或清酒等食材，提升口感。然而熬煮完畢，可不能馬上食用，還得待之冷卻，再倒入塞滿新鮮花蟹的罈甕內，直到花蟹在醬汁內浸泡一天後，取出罈甕內的醬汁再次煮沸、冷卻，重新倒入罈內。重複上述步驟三次，螃蟹就會開始發酵，最後醃製三到四天後，一道鮮美的醬油螃蟹料理就大功告成了。

醃製醬油螃蟹的歷史文獻，散見於十七至十九世紀成書的《山林經濟》（산림경제）、《酒方文》（주방문）、《是議全書》（시의전서）與《閨閣叢書》等料理書內，足見韓民族食用醬油螃蟹的歷史已長達數百年。[2]

朝鮮王朝歷史上，醬油螃蟹最有名且料理方式別具一格的，是培養出最多王妃的坡平尹氏（파평 윤씨）家族所獨創出來的宗家料理「魯城醬油螃蟹」（노성게장）。此美味源自尹氏家族呈獻給君王的螃蟹美食，乃特別捕抓自今忠清南道論山錦江支流魯城川（노성천）而來的新鮮河蟹為食材，並把當時百姓難以吃到的牛肉餵給這些河蟹吃，再將吃飽生牛肉的螃蟹整隻浸泡入高湯裡，醃製一天左右。而高湯除了加入大蒜、生薑與蔥外，還添加入了栗子和芝麻油，之後再如同上述料理過程，將高湯取出，

2 此處相關文獻，請參閱：朴賢振（二〇二〇），頁一三五。

重複煮沸、冷卻，再倒入「校東傳甕」。值得一提的是，校東傳甕內螃蟹所搭配的醬油，也是不能馬虎，加入的是尹氏家族精心調製的醇香「校東傳甕醬油」（교동전독간장）。[3]

除了餵河蟹吃牛肉外，十九世紀初的《閨閣叢書》內則記載醃製螃蟹過程中，也可將生雞肉與螃蟹放置一起二至三天，讓螃蟹飽吸雞汁，醃製起來會更加鮮美多汁；若不易取得雞肉，也可用豆腐取代。

花蟹料理還不只如此。朝鮮宮廷與士大夫家內，也有單獨挑出蟹肉，與豆腐、綠豆芽一同拌勻，再填入蟹殼，蘸上蛋液，煮熟後又與蟹腳等食材一起熬成湯的方式，類似後來的「蟹肉餅」（crab cake）；單純蒸熟或氽燙新鮮的花蟹，也為一道美食；今日冷凍的花蟹，則適合與多種蔬菜、醬油、辣椒醬一同煮成海蟹湯。

看完上述醬油螃蟹的料理介紹，大家是否食指大動，想嘗嘗這道「偷飯賊」美食呢？最後我再分享兩則與吃蟹有關的軼事（或禁忌）。

話說醬油螃蟹雖然好吃，但也曾發生幾樁因吃蟹致死事件——朝鮮王朝正祖十年（一七八六）十一月十一日《承政院日記》有一則紀錄：全羅道儒生姜鐵柱過世，妻子金氏悲痛不止，想追隨丈夫腳步，屢次上吊一心求死，皆被家人所救。已橫下心尋死的金氏，在丈夫去世後的兩週年祭禮時，狠下心吃了蟹醬、蜂蜜和河豚卵，並懇求婆婆將她移到當初丈夫去世的房間內，讓她靜待「發病」，結束自己性命。金氏的死因即是她把醬油螃蟹與屬性相剋的食物一起吃下肚。

另外，坊間也謠傳第二十代國王景宗（一六八八－一七二四，一七二〇年即位）吃蟹致死。一七二四年八月，景宗因痼疾復發，臥病在床，儘管他於三年前就開始聽從醫囑，已服用無數帖藥劑養病，卻未見任何療效；八月二十一日當晚，景宗突感胸口和腹部劇烈疼痛，哀號不止，緊急傳喚御醫診治，眾人才發現景宗於前一天吃了世弟延礽君（연잉군，即後任朝鮮第二十一代君王英祖）奉上的蟹醬與生柿子，造成食物相剋中毒。最後，景宗因多日嚴重的腹痛與腹瀉，於四天後駕崩。從此之後，民間流

3 「校東傳甕醬油」的「校東」，是因魯城坡平尹氏的宗家位於魯城鄉校東側而得名；而「傳甕醬油」，是指使用由宗家所流傳下來的甕缸盛裝釀造而成的醬油。

傳起蟹醬與生柿子搭配食用會致死一說，且視之為禁忌。[4]

看來，螃蟹雖是美食，但歷史告訴我們，即使是美食也得謹慎處理，不可與特定食物一同食用，以免禍從口入。

石鍋拌飯的元祖

石鍋拌飯（비빔밥）是臺灣韓式餐廳內常見的食物，熱騰騰的炭黑石鍋盛著淋滿辣椒醬的白飯、各式蔬菜（豆芽菜、蘿蔔絲等）、雞蛋、黑輪切片與豬、牛肉等食材，食用者要趁著米香熱氣未消之際，以鐵匙攪拌（비비다）鍋內各式配菜。

然而我記得多年前在首爾留學時，除吃過熱呼呼的石鍋拌飯外，也見過有些店家為了順應潮流，提供「冷鍋」拌飯，即把沉重的石鍋改成類似臺灣常見的大鐵碗，方便上菜，裡頭菜色並沒有太大變動。

不過韓國學長姐卻總覺得首爾的石鍋拌飯少了一味，不是那麼道地。我追問之下，才知道原來在韓國人心目中，「全州拌飯」（전주비빔밥）才是最為正統與美味，與「平壤冷麵」（평양냉면）和「開城湯飯」（개성탕반），並列朝鮮三大美食。

全州的石鍋拌飯之所以有名，除了據傳是拌飯「元祖」外，正統拌飯所用的傳統石鍋（高級方字鍮器）也是源於全州。今日常見用來拌飯的不鏽鋼碗、瓷碗或石鍋，已經是後來之事。此外，全州拌飯內含眾多不同顏色的新鮮野菜，且在正中央加上生牛肉，整道料理看起來像一朵綻放的華麗鮮花，故得名「花盤」（화반），亦稱「七寶花飯」（칠보화반）。

知名的全州拌飯又是在何種因緣際會下誕生的呢？根據全州飲食文化學者宋永心（송영심）考察，言及四種可信度極高的來源說法，分別是：

第一種，從「飲福」（음복，即是祭祀祖先的祭饌食物）料理發展而

4 以上軼事可參閱：宋永心（二〇一九），頁九〇、頁九六—九七。

來。一千多年前，甄萱（견훤，八六七—九三六，朝鮮後三國中「後百濟」的創立者）攻克全州（時稱「完山州」）後，定都於此，此地於是逐漸發展成為一大都城。朝鮮王朝建國者，即朝鮮太祖李成桂（一三三五—一四〇八），其祖先曾經居住在此，因此全州李氏是朝鮮王室的本籍，現今全國知名的「全州李氏大同宗約院」（전주이씨대동종약원）裡頭便長年供奉著太祖的御真。[5]當地為了招呼人山人海的李氏親族團聚祭拜，便發展出了符合王室禮法且可供多人共享的拌飯。

繼著上述一說，又產生另一說。謂全州是王室本籍所在，當時君王與宗親們午膳後的小吃便是拌飯，此王室小吃後來普及至民間，便形成今日大眾化的拌飯。

第三個說法，也來自與全州有關的古人。話說將軍全琫準（전봉준，一八五三—一八九五）當年引領民眾發動東學農民運動時，曾攻下全州，因為戰事吃緊，補給糧食嚴重不足，故他在軍中應急地研發出大鍋飯式的「拌飯」，即為今日拌飯原型。

第四種說法，則是從全州的地理環境而言。全州是被田野所環繞的富饒地區，每到了農忙季節，全州婦女們就會提著裝有小吃的竹籃到田裡，慰問辛勞工作的家人，但小吃有時無法填飽勞動近半日者的肚子，後來婦女們便直接在農事現場燒火做起飯來，把竹籃內的小吃與煮熟的米飯攪拌一起，再加上全州是全羅道各地農作物的集散地，各種野菜應有盡有，一碗全州拌飯內，盛傳有多達二十餘種蔬菜，因此造就出全州拌飯之美名。[6]

但其實除了上述四說外，全州拌飯的由來還有很多論議，如韓國當代學者朴賢振（박현진）藉由研究拌飯內最重要的食材「黃豆芽」（콩나물），推測現代全州拌飯源自於十七世紀當地南部市場內的黃豆芽拌飯。因全州的南川和西川水質優異，易培育出嬌小圓胖的黃豆芽，以之煮出的黃豆芽湯飯特別美味，不只食之清爽，還有消除脹氣的功效。故當時全州居民製作拌飯時會費工夫以牛肉高湯來蒸煮白飯，燜飯時也喜愛加入黃豆芽，待米飯燜熟起鍋後，還會放入黃涼粉（황포묵）、生牛肉、生蛋黃、辣

5 御真，即君王死後用以祭祀的畫像。

6 以上四種說法，請參閱：宋永心（二〇一九），頁三四一—三四三。

椒醬與芝麻油等食材，組成一道美味的全州拌飯。[7]就此看來，全州拌飯的起源十分多元。

今日，全州市將全州拌飯視為當地文化資產，每年都會舉行「全州拌飯節」（전주비빔밥축제），宣傳此讓人食指大動的韓式料理。

韓國除了「七寶花飯」全州拌飯外，其實還有形形色色的拌飯種類，諸如以炒牛肉為主菜的「平壤拌飯」（평양비빔밥），以海鮮為主的「海州拌飯」（해주비빔밥），或放入生海帶芽、羊栖菜、防風菜等特色食材的「統營拌飯」（통영비빔밥），加入三色野菜、煎餅、烤鯊魚肉、散炙（산적），類似肉串、蔬菜串的烤物）的「安東假祭祀飯」（안동헛제사밥），乃至放入水煮雞肉絲、青辣椒片與煮熟黃豆芽的「咸鏡道雞肉拌飯」（함경도닭고기비빔밥），將海鞘（海鳳梨）醃製成醬後不加辣椒醬卻搭配芝麻油、海苔絲的「巨濟市海鞘拌飯」（거제시멍게비빔밥），在寺院裡生活的佛教僧侶以愛吃的山中野菜製成的「野菜拌飯」（야채비빔밥），或以生魚片為主菜的「生魚片蓋飯」（회덮밥）等，皆可統稱為以石鍋為容器、溫熱食用的「石鍋拌飯」。

杯飯與考試

「學習不是人生的全部，但若連作為人生一部分的學習，都無法征服，那你還能征服什麼呢？」——金愛爛（김애란），〈經過子午線時〉

提到韓國飲食，我還想介紹外人很少會吃到的「杯飯」（컵밥）。杯飯如同字面意思一般，是裝在杯子大小的飯菜——在熱騰騰白米飯上，灑上幾片海苔片（或豆芽菜），再放上一顆半熟荷包蛋。此略顯奇特的當地料理，是針對正在苦讀、分秒必爭的考生所客製化的菜色。

在韓國境內，杯飯最為熱賣的區域，是在考生集中的首爾「鷺梁津站」（노량진역）一帶。二〇一三年這裡還曾因為販賣杯飯的攤販過多，引

7 以上說法與拌飯種類，請參閱：朴賢振（二〇二〇），頁一七一—一七二。

來執法單位注意，當局為求市容美觀、增加稅收，大力取締此地的無照業者，惹起巨大民怨，直至後來民官協商，政府決定設立合法的「鷺梁津杯飯街」（노량진컵밥거리），才結束這場「杯飯抗爭」。而杯飯之所以興盛於鷺梁津，原因無他，因為這裡是全韓國最著名的「考試村」（고시촌）。

想必許多臺灣朋友或多或少都聽過韓國年輕人為求專心考試，衍生不少考試文化，諸如寄居狹小的「考試院」（고시원，指宿舍），抑或長期食用上述提到的速食「杯飯」。韓國人從年輕時便面臨的大學入學（轉學）考試、就業的教師資格檢定考，乃至橫下心來準備國考的公務人員考試（如一般行政、消防、警察等），都可以在鷺梁津這裡找到適合的補習班，故也讓鷺梁津「考試村」一名，不脛而走。

「考試村」顧名思義，即是在方圓不到五百公尺的街區裡，因應各式各樣考生需求的補習班林立之外，連同考生日常居住的套房、宿舍（考試院）等亦紛紛聚集於此，而解決三餐的小食堂、採買日用品的超市，乃至K書中心、咖啡廳，甚至夜晚放鬆心情的卡拉OK、酒吧與炸雞店等，也在此興盛，讓這樣一處小小的街區，形成了專為考生存在的「村落」。

鷺梁津考試村並非憑空出現，而是由兩個特殊的歷史因素才造就出此地考試村盛名。[8]

一九八〇、一九九〇年代的鷺梁津，本是是以大學入學（特別是重考生）考試補習班為主。原先在首爾的升大學補習班大多集中於市中心（即現在的鐘路區），但在七〇年代末期，政府以分散市中心機能為由，禁止業者在四大門（興仁之門、崇禮門、敦義門、肅靖門）範圍內設立重考補習班，強制鐘路區許多知名補習班遷移他處，而其中一間著名的「大成學院」（대성학원）輾轉搬到鷺梁津，在母雞帶小雞的效應下，為數不少的原鐘路區升學補習班也順勢搬遷至鷺梁津，讓此地一躍成為大學重考班聖地。但隨著一九九四年韓國大學入學考試新制問世，大學考試變得更為簡單，加上網路普及、線上授課等多樣化教學管道流行，令主打升大學考試的鷺梁津各大補習班面臨挑戰，經營慘澹。

8 請參閱：郭奎煥等人（二〇二二），頁一八五—一八六。

轉機出現在一九九〇年代末期。

眾所皆知，一九九七年韓國發生「ＩＭＦ經濟危機」，國家瀕臨破產，當時三十個大財團就有過半十六個財團撐不過風暴，宣布破產，但遭受最大損害的，仍舊是受薪階級與底層人士，中小企業一間接著一間倒閉，不斷裁員的壞消息占據各大新聞版面，當年的失業率高達七％，創下一九七〇年後的歷史新高。[9]

時過境遷，走過金融風暴的韓國年輕人多嚮往穩定的「鐵飯碗」公務人員生活，讓鷺梁津找出了一條生路，各補習班紛紛轉型成公務人員考試（國考）補習班，吸引了大量考生至此寒窗苦讀，為的便是一拚一千四百二十一人應考只錄取十一人的超低錄取率[10]，此地也就成為攻考九級初等公務人員考生的集散地。然而想求得公務人員鐵飯碗的平均錄取「年齡」，有逐年上升趨勢，原本錄取公務人員的平均歲數是二十歲中期，現在已上升至二十五歲至三十歲中期，甚至終其大半生為求一職的四十餘歲考生也紛紛湧向此處，只求一日榜上有名，進入公務員窄門。[11]

然而鷺梁津考試村的考生，大部分是為了九級初等公務人員考試而來，「他們的目標不是出人頭地，而是尋求一份穩定工作。在IMF經濟危機之後，企業已不再保障終身雇用，如何求得安定的老年生活，成為今日青年主要的問題意識。」[12] 對此韓國社會尚無解決之道。

行筆迄此，讓我想到我喜愛的當代韓國小說家金愛爛曾在〈經過子午線時〉一文，描繪一位失業多年的女子重回鷺梁津準備公務人員考試，考上國考後，當她搭著夜車離開時，望向窗外，不禁感慨經過數十年光陰，此地並沒有一絲一毫改變，還是有這麼多揮汗備考的考生、不計其數的杯飯攤販，鷺梁津永遠是嚮往鐵飯碗的韓國年輕人一生中必經之地。

9 請參閱：張夏成（二〇一六），頁八六。

10 此為二〇二一年首爾九級初等地方職公務人員考試錄取率。

11 此處引用二〇二一年首爾九級初等地方職公務人員數據。若以二〇〇七—二〇二一年資料為例，考上公務人員的年紀，以二十三—二十七歲人數最多，約占整體五十九%；其次為二十八—三十二歲，占二十五．四%；而在三十三歲以上，竟還有九位超過五十歲，約占整體〇．三%。

12 請參閱：郭奎煥等人（二〇二二），頁一九四。再引用。

當然，韓國著名的考試村並非僅僅只有鷺梁津，如我所就讀的國立首爾大學附近的「新林洞」（신림동），也是著名的行政、律師與外交官等高考考試村，乃至大家所熟知熱鬧的「江南區」（강남구），亦有為數不少的外語、就職面試補習班，各自形成不同風貌的考試村。

韓國料理所隱藏的文化史

以熱治熱，以冷治冷

一提到韓國料理，人們的印象大多就是「辣」。如同臺灣散文大家周芬伶在〈君不吃〉一文，指出韓國人吃辣就像上癮、像自虐，越吃越辣，越辣越好。事實的確如此。韓國泡麵店家的看板經常可見標示「地獄拉麵」一（지옥라면）的誇張用語，我在韓國的住家附近有一間裝潢顯眼的辣炒年

糕店便不只以紅辣椒為招牌，老闆還在門口掛上精心設計的看板介紹五級辣醬——第一級為「不辣」（안 매워요），第二級為「挑戰看看吧」（도전해봐），第三級為「辣嗎？」（매울까나），第四級為「嘴巴著火啦」（입에 불나），而最恐怖的辣為「吃完讓你拉出血紅大便」（피똥 싸게），可以窺見韓國人對辣味之偏愛。

有意思的是，在韓國人的思維中，食物不僅僅是食物，還是補藥！

韓語內有「心身一如」（심신일여）一詞，此詞原指「身心合一」的修練功夫，多應用在氣功、冥想修行上，後來延伸至料理，即針對自身身體較為虛弱部位，吃下相關的食物來進補。但細查之，卻是以刺激、極端的口感為主要方式，甚至「溫度」也是如此。

為何這麼說呢？

韓語「以熱治熱」（이열치열）一詞，意思雖近中文「以毒攻毒」，但兩者仍有區分：以毒攻毒，解的是「毒」，形容人體體內「攻擊」（攻）之狀態；以熱治熱，解的是「熱」，非相互攻擊，反倒更像是修習、鍛鍊之過程，故用「治」一詞。

這也難怪在韓國天氣越炙熱，人們越愛吃辣燙食物，增強體力。不管是夏天的夏至、小暑，或是一年最悶熱的三伏天（삼복천），韓國人就愛吃上一碗滾燙的「人蔘雞湯」（삼계탕）。換言之，韓國人每年至少都有那麼幾天，以熱治熱，鍛鍊自己，相較於中文的「以毒攻毒」，人的一生還不一定可遇上一次（以毒）「攻毒」的機會呢！

在韓國鄉下地方，上了年紀的長輩也總愛在高溫三十多度的夏天或身心疲累時，來碗「補身湯」（보신탕）或「四季湯」（사철탕）（以上兩種皆指狗肉鍋）。他們崇尚「以熱治熱」，堅信在炙熱天氣來上一碗熱鍋，能恢復元氣。這也因而形成外人所詬病的「韓國人愛吃狗肉」印象。

韓國人在大熱天越要享用熱騰騰的料理，這種對口感的刺激、身體的鍛鍊，還出現在他們感冒生病時。就我觀察，韓國人感冒，除就醫吃藥外，也會在入睡前穿上大毛衣，戴上毛帽，圍上圍巾，將自己包得密不透風，希望逼出滿身大汗，一覺過後就痊癒，這也是「以熱治熱」的實例。

反過來看，零下五、六度的冬天時，韓國人可就「以冷治冷」了。臺灣朋友只要在秋、冬兩季去到韓國旅遊，對當地街道景觀必定大感訝異，因為街上隨處可見到頭戴毛帽，脖繫圍巾，上半身裹著厚羽絨大衣，下半身卻穿著短裙的女生，大嚼著手上的冰棒甜筒。對此韓國人早習以為常，甚至韓國男生也愛開玩笑說，女生裙子最短的季節非夏季，而是冬天，故有「天氣越冷，韓國女生裙子越短」之戲語。私想韓國人的思維內，也有著「反正天氣都已經這麼冷了，不妨來吃個冰，鍛鍊自己身體」的「以冷治冷」之想法吧。

狗肉與樊噲

我在教導韓國學生使用中文自我介紹時，教到「我是韓國人」一語，會特別強調「國」字聲調要正確，免得變成韓「狗」人。學生也唯命是從反覆練習，因為他們知道，外人有「韓狗人」的戲語，而此戲謔來自於韓國人好吃狗肉。

臺灣與日本似乎沒有吃狗肉的傳統，但一向以口欲聞名的中國人，每年六月在廣西玉林市，仍舉辦爭議性極高的「狗肉節」。在韓國人眼中，中國的狗肉料理是上不了檯面的，反倒他們覺得不可思議的「佳餚」，是中國人吃的蛇肉、蟲蠍或猴腦等。

我搜尋韓國當地網路「文化百科全書」資料，其中提到亞洲數個國家內，只有韓國與越南才有正統的「狗肉湯」。但為何韓國人偏愛吃狗肉呢？是因為野蠻未開化？沒有同理心嗎？

人有好惡喜嫌，但面對現象可先別急著下判斷。

據考古學家研究，韓半島居民很早就已食用狗肉，慶尚南道的舊石器時代遺址內的狗骨，乃至咸鏡南道的高句麗古墳內的食狗肉壁畫，都足以為證。要等到新羅（西元前五七－九三五）與高麗時代（九三五－一三九二）前期，因佛教盛行，吃狗肉風氣才有所衰退，但朝鮮王朝時又再度流行，當時文人洪錫謨（홍석모，一七八一－一八五〇）所著的《東國歲時記》（동국세시기，一八四九）便提及狗肉料理。

值得注意的是，《東國歲時記》根據司馬遷《史記》，引述以狗作為祭品，驅除「蟲災」事件[1]，把這道料理追溯到西元前六七六年（秦德公二年）。換言之，韓民族食用狗肉之習，源自中國，且《東國歲時記》還說狗肉為三伏天時節的「佳饌」，強調吃後「發汗可以祛暑補虛」，且「市上亦多賣之」。

在此必須為韓國說句公道話，現今韓國年輕人已大多不食狗肉，儘管首爾的傳統市場（如東大門、南大門），或我當年居住的大學校區附近的冠岳山，仍可見商家販售「補身湯」、「四季湯」，但少見年輕食客。反倒是上了年紀的老一代，在「以熱治熱」的飲食觀下，尤其在夏天或感到疲倦時，仍愛來碗補身湯、四季湯，讓狗肉難以徹底消失在餐桌上。另外，韓國人篤信人若受刀傷、皮肉傷，吃狗肉最能幫助傷口復原，就像臺灣人相信手術後吃鱸魚補傷口一般，雖然不知此食材之功效有無科學根據，但就所食之狗與鱸魚來看，兩者皆屬生氣勃勃之生物，且日常易於取得，故會被當成偏方也不足為奇。

再從韓國人普遍存在的「被害意識」來解釋，可以說韓國人之所以愛吃狗肉，也與歷史環境有關——人們在太平盛世養牛養豬養雞，但寒冬一來、戰亂一起，這些「肉類」恐都無法回本；而且牛得耕田，豬的飼養成本高，只有節慶時才能屠宰，相較之下，養（肉）狗還是更符合經濟成本。

時代滾滾向前，傳統終究會面臨挑戰。韓國政府於一九八四年頒布了「防止宰殺及食用狗肉綜合對策」，不過該整頓方案並未強制禁止國民食用狗肉，而是要求繁華鬧區與路邊的狗肉攤必須遷移，以保「市容」。到了一九八八年漢城奧運舉辦前，歐美的動物保護組織不惜以拒絕參加奧運為要脅，強烈要求韓國禁吃狗肉，足見「吃狗肉」此標籤有多麼緊密地貼在韓國人身上。二〇〇二年韓日世界盃足球賽期間，動保團體再次掀起抵制食用狗肉的熱潮，迫使許多狗肉店關門大吉。二〇〇六年七月，韓國國民在光化門前，發起反對補身湯示威活動，此反對聲浪最終促使大韓民國食用犬飼養者組織與育犬協會，取消了與中國廣西玉林市互別苗頭的「狗肉節」活動。

就連赴韓旅行的朋友，對於街道的印象也擺脫不了「狗」。曾有友人問

1 兩書「蟲」意義不同，《史記》內的「蟲」，指的是人心中的心病（又曰「蠱」）；《東國歲時記》內的「蟲」，指的是危害農作物的蝗蟲等害蟲。

我說：「首爾街上都看不到流浪狗亂晃，會不會都被抓去吃掉了？」事實並非如此，這是因韓國近年推行觀光，大力掃除有礙觀瞻與恐釀行車安全的流浪狗。話說回來，狗肉料理多以飼養的肉犬為主，絕非亂抓野狗入廚。

說到底，韓國人愛吃狗肉的文化標籤，仍無法輕易從外人腦海撕去。

當我們從上述朝鮮半島的歷史文化、古籍記載、醫學角度與群體意識，推敲出現今韓國仍保留狗肉料理的原因後，或許進一步便應思考自己是否可以全然客觀地指責、批判對方的飲食文化。

「即使誤解也可能是理解對方的途徑。」換句話說，對韓國人愛吃狗肉的「偏見」，也可能成為「理解」其文化的一種角度，當今韓國年輕人大多已不再食用狗肉，但此刻板印象卻是深深烙印在外人腦海，大家都說韓國人愛吃辣不也是一樣道理？

一種飲食之誕生、流傳，甚至保留下來，必定有其理由。若是韓國人批評中國人愛吃蛇肉、臺灣人愛吃臭豆腐，以價值判斷與相對立場來指責對方「野蠻」、「沒品味」，會有助於瞭解對方嗎？放大而言，當普世價值（如禁食狗肉）[2]衝擊著固有文化，人們又該如何選擇？關於吃狗肉文化的議題，恐怕還有得吵呢！

就我看來，韓國人愛吃狗肉跟保存中華文化，還真有點關連。不論是《東國歲時記》把吃狗肉追溯到春秋時代，甚至引用《史記》、陰陽五行等觀念，皆可見韓國與中華文化的密切關連。世人皆知過往朝鮮王朝傾慕中華文化，也以「小中華」沾沾自喜。既然作為中華文化的崇拜者，他們所致力的當然就是保存中華文化。

據歷史記載，周朝人常吃狗肉，甚至王室內還有稱為「犬人」的官職，專司相犬、牽犬以供祭祀。祭品到最後當然是落入人口，成為餐桌上的佳餚。

別說當官吃狗肉，連一般人也是這般，《史記．越王勾踐世家》記載：「飛鳥盡，良弓藏；狡兔死，走狗烹。」描繪出獵人烹狗之習。但若說到與狗肉關係最密切的中國古代人物，莫過於鴻門宴上護主有功的樊噲。

「樊噲」這一人物形象，根本就是韓國人堅信吃狗肉能補充體力、恢復

2 我們可以追問「普世價值」是誰的普世價值，誰可作為評量價值之基準，此價值是否絕對正確，乃至其價值的範圍與時效等等。

精神、保持勇壯的最佳「代言人」。《史記．樊噲列傳》記載，身為漢高祖劉邦左右手的樊噲，就曾從事「屠狗」這一職業，「舞陽侯樊噲者，沛人也。以屠狗為事，與高祖俱隱。」有人吃才有人宰殺販賣，當年的「賣狗肉」就像現在「賣豬肉」，是很普通的職業，並不特殊或奇怪。等到了六朝時代（西元三—六世紀），屠狗這個職業才消失，唐代人已大多不吃狗肉。

韓國人愛吃狗肉，甚至仍在餐桌上殘留這道菜餚，回頭來看，究竟韓民族是承繼了中華文化，發揚樊噲之精神？還是該說他們野蠻呢？

看似與韓國人八竿子打不著的樊噲，藉由「狗肉」，九竿子應該打得著了吧！[3]

中國古書裡的韓國烤肉

一提到韓國料理，大家首先想到的是什麼？人蔘雞湯？辣炒雞排？烤五花肉？泡菜？還是大醬湯呢？我想應該有很多人會想到「烤肉」吧！在首爾，大街上烤肉店林立，甚至首爾新村內的商家為壓低內用成本，把原先讓顧客舒服坐著的座位都改成站立式烤肉桌，想以此搶拼翻桌率。

韓國烤肉由來已久，如朝鮮獨立運動家崔南善（최남선，一八九〇—一九五七）於《故事通》（고사통，一九四三）內，就認為三國高句麗（西元前三七—六六八）時期，就已經出現碳烤香料醃製過的肉類，名為「貊炙」（맥적），即現今「烤（豬）肉」的雛形。

此語源考察也被學界證實，其他佐證如東漢劉熙《釋名．釋飲食》言及：「貊炙，全體炙之，各自以刀割，出於胡貊之為也。」乃至晉代干寶（二八六—三三六）《搜神記》也提到：「胡床、貊盤，翟之器也；羌煮、貊炙，翟之食也。自泰始以來，中國尚之。貴人富室，必留其器。吉享嘉賓，皆以為先。戎、翟侵中國之前兆也。」

3 二〇二四年一月九日，韓國國會正式通過法律，訂於二〇二七年全面禁止屠宰、食用狗肉，正式向世界宣示，韓國餐桌上的狗肉將走入歷史。

上述這段引言翻譯成白話，即是「胡床」、「貊盤」為翟族用具，而「羌煮」、「貊炙」則是翟族食物，且從晉武帝泰始年間（二六六—二七四）以來，就在中原地區流行起來，貴族富人不是爭相收藏這些「舶來品」，就是在喜慶筵席之際優先用來招待賓客，間接成為外族侵犯中原地區的預兆。

若細究文內食物部分，「羌」指的是當時中國西北方的游牧民族，「貊」則是指東北的扶餘人和高句麗人。換言之，「羌煮」為蒙古地區的肉食料理，而「貊炙」則是韓民族所開發出來的烤肉。

等來到南朝沈約（四四一—五一三）等人所編著《宋書・五行志一》內，同樣也提及：「晉武帝泰始後，中國相尚用胡牀、貊盤，及為羌煮、貊炙。」最終到清代，經學、史學大師王先謙（一八四二—一九一七）於《釋名疏證補》內斷定貊炙「即今之燒豬」。

當然，現今韓國當地烤肉已不僅僅局限烤豬肉，牛肉也是人氣肉品，但後者一般認定是在日本殖民時期才漸漸傳入。

「湯」民族是如何煉成的

韓國料理的特色，除了口味偏辣、調味濃重外，搭配用餐的「液體」也是一大特點。

在臺灣，不論是自助餐店或便當店，大多會在店內擺上飲料機或茶桶，供客人飲用，其中又以茶類居多。私想這與臺灣人長年認為茶是最能夠去油解膩的飲食觀有關。此功效早在幾百年前就已被許多古人所推崇，諸如宋代詩人蘇軾（一〇三七－一一〇一）《東坡雜記》稱茶能「去膩」，清代醫學家黃宮繡（一七三〇－一八一七）《本草求真》言茶能治「食積不化」，同時期的藥學家趙學敏（一七一九－一八〇五）《本草綱目拾遺》也道茶有「刮腸通泄」、「解油膩、牛羊毒」，甚至「消宿食」等功效。至二十一世紀，「茶效」不減反增，坊間為數不少的「油切茶」、「解膩茶」等廣告可證。不得不說，臺灣人吃上一頓飯，少不了的就是一杯茶，也習慣以茶代湯。

然而韓國人餐桌上，取代茶的大多是（冰）開水，吸引我目光的還有「湯」，當地美食家黃教益便斷言：「韓國人的餐桌上一定要有湯。」此現象更早在上一世紀，著名的新聞工作者李圭泰（이규태）就已觀察到了，他說：「世界上恐怕只有韓民族拿主食泡湯吃的了。」的確，西歐國家餐桌上有飯前湯（soup），日本有味噌湯，臺灣與香港等地也有茶水、清湯，但都沒有像韓國人一般，把鍋巴（누룽지）、米飯或麵包等主食，倒入熱湯碗內吃。不僅如此，常見的韓國「湯飯」（탕）料理還有雪濃湯（설렁탕）、排骨湯、泥鰍魚湯、鱈魚湯、豬腳湯、牛尾湯、醒酒湯、年糕餃子湯，乃至補身湯等，五花八門。

韓國餐桌上的「碗湯」（국）也是各式各樣，從最單純的清湯，到放入豆芽的豆芽菜湯、昆布湯、肉湯、蘿蔔葉湯、芋頭湯、甜菜湯、冰冷薄荷葉湯等，隨著主食不同，搭配的碗湯也不同。根據徐有榘（서유구，一七六四—一八四五）《林園十六志》（임원십육지，一八二七）記載，出現在朝鮮王朝的湯飯類料理，多達五十八種，甚至徐氏還提到某些中藥湯功效可以取代茶呢！

若依上述來看，說韓民族為「湯」民族，也不為過。耐人尋味的是，湯民族是如何形成的？為何韓國人餐桌上總少不了湯呢？據李圭泰看法，主要有四點理由：

第一點，朝鮮半島長年來歷經戰亂，多貧窮所致——依臺灣歷史學者張少文統計，過去三千多年來，朝鮮半島就曾發生過九百三十次規模大小不等的戰爭。換句話說，平均每三年多就發生一次攻城掠地、殺人奪命的災難（還不計入已開始卻未結束而仍在進行的戰爭）。再加上傳統大家族制度——試想一斤牛肉要如何分給家族二十多人配飯吃呢？最好且最公平的方法，就是做成牛肉湯來泡飯吃，故韓國學者李御寧（이어령）認為，韓國湯飯類飲食比起湯、飯分明的日本飲食，更蘊含「公平」、「大家一起食用一鍋飯」的歷史背景。

此外，李圭泰還舉了一個例子，言及二戰戰敗的德國，因糧食極度缺乏，百姓逼不得已，只好翻找垃圾桶，撿出發霉的馬鈴薯混著做湯吃，這道湯還被稱為「勿忘湯」，提醒人民不要忘記那段貧苦悲慘的日子。同樣地，朝鮮半島歷經數不盡的內外戰爭、凶年考驗，飢窮日子過久了，便導致今日韓國人餐桌上也脫離不了「記住歷史」、充滿辛酸的湯類食物。

湯類飲食文化形成的第二點，同樣與「戰亂」有關。前文提到朝鮮半島戰亂不斷，「師之所處，荊棘生焉。大軍之後，必有凶年。」在此歷史與社會條件下，人們不得不頻頻舉家避難、搬離故鄉，甚至直到上個世紀中葉，朝鮮獨立運動家崔南善還曾說，韓國人一生如果沒避難十次以上，可謂幸福。人們因長期處在避難遷徙的流浪生活，吃飯求的必然是最簡單、最快速的方式，這也促成「止飢」泡湯飯的誕生。

而第三、四點，得從韓民族身處農耕文化圈的特性言之。眾所皆知，農耕民族不似狩獵民族或長年遷徙的游牧民族般，需要隨時帶著乾燥食物（如肉乾），以便說走就走，到處移居。換句話說，游牧民族少見湯類食物，但身為定居農耕文化的韓民族，飲食就可多一點變化，不一定全部都是乾燥食物，故湯類等液體食物也就發達起來。因著上述背景，連帶祭祀信仰的需求，「湯」自然而然地成為其中佳餚，尤其是採用牛腿骨長時間熬製出來的雪白色「雪濃湯」便是一例。

雪濃湯這道料理在現今韓國餐廳內都可輕易吃到，然而這道湯飯的形

成，卻與新羅時代祭祀農神有關，且此習俗還一直延續到朝鮮王朝末期。據韓國學者推論，雪濃湯的漢字語詞「雪濃」（설농）源於「先農」（선농），此處先農指的就是「神農氏」。在新羅時代到朝鮮王朝末期，君王在每年開春的吉亥日（吉祥的亥日）都會率領眾臣百姓，來到今址位於首爾東大門普濟院（보제원）東側的先農壇（선농단）祭拜，祈求國泰民安、風調雨順，祭祀所宰殺的牛，除了用來祭祀外，也成為與眾臣百姓共享的上等食材，但一頭牛如何能夠分給現場這麼多人吃呢？也就只有燒湯泡飯吃了，做法很簡便，一般多用鹽與蔥調味，這便是「雪濃湯」的起源。

隨著時間推進，到了一九七〇年代韓國經濟急速發展的時期，湯飯類料理更成為一道單點的「特色料理」，如有著大量海鮮的辣味海鮮湯（매운탕）、蘑菇火鍋（버섯전골）類的湯類料理等，且食用方式也漸漸轉變成不一定得把白飯倒入碗湯裡。然而即使如此，當我們望向餐桌上的湯飯、湯水，仍可以看到湯民族過往的歷史身影。

色香味以外的事

攪一攪，吃得快

韓國人最常解決一餐的方法，就是叫「炸醬麵」（자장면）外送，經常在中午時刻（甚至全天），可看到許多外送人員手拎金屬箱的身影四處穿梭。炸醬麵堪稱韓國全民速食，其庶民飲食的特性也常被韓國經濟學家用來評判物價是否波動（詳見後文〈臺灣茶葉蛋「等於」韓國炸醬麵？〉）。

如二〇二三年，韓國當地的炸醬麵價格，已由原先十多年前的二千五百韓元（約新臺幣六十三元），漲至六千五百韓元（約新臺幣一百六十三元），漲幅超過兩倍半，便可從中推論整體物價上漲的趨勢。

只要吃過韓國炸醬麵的外國人，都會對其黑色醬料與Q彈麵條記憶深刻，但引起我興趣的是，韓國人拿著扁平鐵筷所進行的「攪拌」行為，而「攪拌」也出現在「石鍋拌飯」的吃法內。

說起石鍋拌飯，大家想到的多為熱燙的炭黑鍋內，加入了豔紅色的泡菜、綠色的黃瓜絲、褐色的肉片、黃色的蘿蔔絲等五顏六色食材，但石鍋拌飯之所以謂之拌飯，就在於「攪拌」這個動作，而這些奪人眼目的五顏六色食材，也在食客的攪拌下，成為「失去視覺享受」的佳餚。被視為全民小吃的「辣炒年糕」，也是同樣情況。

換言之，在一般印象內，韓國飲食的特色是「辣」，但「辣」是針對食物口味而言，而更為道地的韓式特色，應是用餐前有意為之的「攪拌」。「攪拌」是韓國人吃飯時不可或缺的行為，雖然看是小動作，其實與韓國的「餐具使用」和「戰亂頻發」有關。

韓國學者李御寧曾比較韓、日兩國飲食特色，言及韓國飲食重辣與調味，同時湯、飯不分，具有「曖昧性」——「日本食物可以明確分為固體和液體兩大類，但韓國卻沒分得如此清楚，於湯裡也放大量食材，飯菜裡面也有湯，界線較為曖昧。」

但要我來說，韓國飯、湯之所以曖昧，在於韓國人特別愛用「湯匙」，且此意識是建立在「被害意識」上。不論是前文提過的人蔘雞湯，或釜山有名的豬肉湯飯（돼지국밥）等料理，韓國人都習慣把白飯倒進去湯內，用湯匙攪拌後，再混著湯一起食用，儘管有人認為配湯吃飯能助消化，但從韓國人使用湯匙、攪拌、和著湯吃的吃飯步驟與食用意識來分析，顯然目的就是為了想「縮短吃飯時間」，快一點填飽肚子。

在歷史洪流中，朝鮮半島時常遭受外族入侵，處於惡劣生活環境下，比起筷子，人們更傾向使用湯匙，因為不知道何時外敵會突然入侵，何時會有下一餐，故得趕緊吃完眼前飯菜。

此外，韓國人所用的餐具，特別是扁平的筷子，不似臺灣使用圓筷，這是因為圓筷更容易一個不小心就滾落到地上。甚至與其花多餘時間撿筷子，不如使用湯匙更便於速食；就連傳統在上菜時慣於使用方几，亦是縮短用餐時間的手段。

故從韓民族的餐具設計到上菜模式，與吃飯攪拌、配湯吃等用餐習慣，我們可以看到其「急速」（或「慌張」）的吃飯狀態；更別提還有製作醃製類（如泡菜、醃蘿蔔）、易攜帶食物的傳統了，其中也包含年糕、紫菜包飯（김밥）與飯鍋巴等。上述這些「易保存」、「易攜帶」的食物與製法，從古流傳至今，今日韓國鄉村還處處可見傳統醃製泡菜的大瓦甕。這些無疑都是因應發生戰爭、外人入侵所衍生的「應急方法」。

很多人考察韓國飲食文化皆會針對食物特色，如「辣」、「少油」、「養生」或「重視調味料」等，這當然也是一種觀察角度，然而韓國人吃飯的「動作」、製作食物的「考量」，才真正透露其飲食文化的根源。

對現今的韓國人而言，此「被害意識」尚未完全消逝。我在留學韓國時，跟友人到中華料理店用餐，也觀察到他們通常先吃糖醋肉、雞丁等價格較高的大魚大肉，之後才分點涼麵、炒飯等副餐來填飽肚子。

當然，今日韓國經濟急速發展，時常可看到年輕人「刻意」在餐桌上留下剩菜剩飯，這是彌補「被害意識」的反應嗎？或者，如同韓國友人所說的，貪吃最後一口菜的人往往身材都會走樣，這才不把飯菜吃完嗎？但此種注重身材、在乎可見性的心理，何嘗不是揭露出被害意識下「看」與「被看」之間嚴峻的辯證關係呢？[1]

瘦身又整形的鐵飯碗

吃過韓國料理、喜愛「K-Food」的臺灣讀者，想必對餐桌上的扁筷都會印象深刻，但可別小看在旁的不鏽鋼碗，它也有著一段有趣的故事。

雖說在四季分明、冬季下雪的北國，此鐵飯碗能對米飯提供保溫作用，但為何韓國人會如此偏愛這種鐵飯碗呢？若仔細觀察，我們還會發現韓國大街小巷餐廳內的飯碗尺寸幾乎一致，這又是為什麼呢？

原來這跟一九六〇年代後期，韓民族剛結束長年內外戰爭，施行白

米配給措施，以及漢城市（今首爾）市長梁鐸植（양택식，一九七〇－一九七四在任）於一九七〇年代推出「飯碗尺寸」的命令有關。

眾所皆知，韓民族於一九四五年終脫離日本帝國長達三十五年的殖民統治，理當迎來民族光榮、重建家園之刻，但一九五〇年代卻緊接著發生同胞相殘的「韓戰」，此戰一打就是三年（一九五〇－一九五三）之久。

韓戰對韓半島的經濟、疆域、社會安全與人民性命等各個層面，皆造成相當損傷，除了釀成如今南北韓兩國暫以北緯三十八度線停戰外，數萬家庭也因此離散。據曾任美國芝加哥大學歷史系主任，以研究韓半島議題而知名的學者布魯斯．卡明斯（Bruce Cumings，一九四三－）指出，當年「涉入這場長達三年之久的衝突國家（包含南北韓、中國與美國等），總共超過四百萬人傷亡，其中至少二百萬人是平民——軍民比例遠較第二次世界大戰或越戰來得高。美國共有三萬六千九百四十人在戰場上喪生，

1　有關於被害意識詮釋，請參閱：陳慶德（二〇一七）。

九萬二千一百三十四人在作戰中受傷，事隔數十年，仍有八千一百六十七人被列為失蹤者。韓國有一百三十一萬二千八百三十六人傷亡，其中死者四十一萬五千零四人。其他聯合國盟軍的傷亡合計一萬六千五百三十二人，其中死者三千零九十四人。估計北朝鮮傷亡達二百萬人，其中包括約一百萬平民與五十二萬名士兵死亡。另外，中國也有九十萬名士兵喪生……這場戰爭的悲劇，在於什麼問題都沒有解決，只是恢復了原先狀況，並且只靠暫時停火來維繫和平。」[2]韓戰的悲痛，不言可喻。

戰後來到一九七〇年代，當時由集權鐵腕的朴正熙總統執政，韓國全國上下一心為了「漢江奇蹟」努力，政府苦思如何解決糧食供給不穩定的狀態[3]，在制定配套政策以降低白米需求量之時，注意到了不鏽鋼飯碗，於是以之作為國內米飯量的統一量具。一九七三年一月，由總統任命的首善之都漢城特別市市長梁鐸植，趁勢提出「標準分量」的國民菜單，一方面選定模範大眾食堂，一方面刻意改變飯碗器具，推動統一尺寸的不鏽鋼碗，取代當時人們慣用而尺寸不一的石鍋食器。

當時漢城市所推出的不鏽鋼碗尺寸統一為內徑十一・五公分、高七・

五公分，比起沉重碗身的石鍋輕巧了許多。

然而「吃飯皇帝大」，一開始嚴格遵行的業者少之又少，故中央政府從一九七四年十二月四日起，又再度頒布行政命令，禁止餐館販售石鍋飯，且規定店家只能將白飯裝在不鏽鋼碗內銷售；一九七六年，時任漢城市市長具滋春（구자춘，一九七四－一九七八在任）再度向餐飲協會重申命令，強制規定自七月十三日起，得將米飯裝在不鏽鋼碗內販售。有趣的是，此時不鏽鋼碗的尺寸，又被「瘦身」為內徑十・五公分、高六公分，且還嚴格規定飯量最多只能裝至飯碗的五分之四。五年後，中央保健社會部宣布由一九八一年一月開始，將漢城市制定的不鏽鋼飯碗規格，擴大實施至全國，除了西式與中華料理等異國餐館外，所有傳統韓國料理餐飲業者都得使用政府所規定尺寸的飯碗，而上個世紀的不鏽鋼飯碗尺寸，就一

2 請參閱：布魯斯・卡明斯（二〇一七），頁二六，再引用。我為求行文通順，潤飾譯筆。

3 據黃教益所言，朝鮮半島歷史命運多舛，屢遭侵犯，「韓民族在五千年的歷史當中，一直要到一九七〇年代，才第一次吃到足量的米。」請參閱：黃教益（二〇一八），頁三九。

直延續至本世紀初期。

另一方面，除了飯碗尺寸，碗蓋形狀也歷經改變，主因是隨著八〇年代標準尺寸的不鏽鋼飯碗普及全國後，一九八一年市面上還誕生名為「飯盒保溫桶」（밥솥보온통，顧名思義，即可放置多碗不鏽鋼飯碗的手提大桶）的專利產品，業者為了能裝入更多不鏽鋼飯碗，原本用以維持米飯溫溼而向上凸起的碗蓋，也「整形」為平坦狀以節省空間。

現今飯碗的尺寸仍持續縮小中。二十一世紀健康當道，營養學專家紛紛提倡減少攝取碳水化合物（主要指白飯），才能順利減重塑身，間接導致韓國飯碗尺寸「再一度」瘦身。從二〇一二年開始，當地竟然出現內徑九．五公分、高五．五公分的小巧不鏽鋼飯碗，且很快風行到各地韓式餐館內。不過據韓國飲食文化研究家周永河（주영하）觀察，主打米飯料理（如辣炒豬肉飯）的韓式餐館仍然喜歡使用先前中央規定的飯碗尺寸，而湯飯店（如人蔘雞湯店）則順應民意，較多使用小尺寸的飯碗，推測是因為湯飯店的饕客本就會把飯倒入湯裡拌著吃，就算飯碗較小、飯量變少，也不太會介意。

從餐飲業者的角度來看，使用標準尺寸不鏽鋼飯碗有眾多好處，不僅能統一（減少浪費）米飯分量、節省食材成本，餐具還很耐用；若每天開店前煮好飯並預先裝進飯碗保溫，到了用餐尖峰之際，更可從容快速出餐，提高翻桌率。對於晚吃或錯過用餐時間的客人而言，不鏽鋼飯碗讓米飯仍保有一定熱度（儘管口感已不似剛裝盛時鮮軟），口味不會落差太大。

就此看來，從上個世紀末誕生於韓國餐桌上的不鏽鋼飯碗，不僅承載著過往韓民族的吃飯史，多次「瘦身又整形」的飯碗如今也成為K-Food的特色之一呢！

韓國料理的命名原則

行文至此，可能有眼尖的讀者發現了韓國人為食物命名似乎有其邏輯規律。其原則大致分為五大類：

首先是最為簡單的，直接以「韓語詞」（包含和文漢字詞）命名。諸如年糕（떡）、花生（땅콩）、豆腐（두부）、鰻（장어），抑或五花肉（豬肉）（삼겹살）等。

次之是「食材名稱＋料理方式」的命名組合，例如中學生下課後最愛吃的辣炒年糕（떡볶이），就是「떡」（年糕）加上「볶이」（炒）而成；又如忙碌上班族中午裹腹的紫菜捲（김말이）、紫菜包飯（김밥），則是「김」（紫菜）加上「말이」（捲）或「밥」（飯）而成；抑或大家熟悉的泡菜火鍋（김치찌개）、海鮮火鍋（해물찌개），也是「김치」（泡菜）、「해물」（海鮮）加上「찌개」（火鍋）而成。

除此之外，還有如辣炒豬肉飯（제육볶음밥），為「제육」（豬肉）加上「볶음밥」（炒飯）；炸薯條（감자튀김），為「감자」（馬鈴薯）加上「튀김」（炸）；人蔘雞湯（삼계탕），為「삼계」（人蔘雞）加上「탕」（湯）；鱈魚湯（대구탕），為「대구」（鱈魚）加上「탕」（湯）。

這樣的命名規律，據美食家黃教益的見解，認為是受到阿爾泰語系「受詞＋動詞」的結構影響。

同時，他也舉出韓國食物第三種命名方式：以「外觀」或「味道」特色命名，以及第四種方式：以「料理方式＋食材名稱」加以命名。

第三種以「外觀」或「味道」命名的料理，如盛行臺、韓兩地紅通通的辣味雞肉味炒麵（불닭볶음면，泡麵的一種），而這裡的「불」，非指料理方式，而是「紅色外觀」或「味道為辣味」之意，用來形容後綴的雞肉味炒麵。以相同方式命名的食物，還有辣味海鮮湯（매운탕），也是以「辣味」（매운）加上「（海鮮）湯」（탕）而成。

而第四種以「料理方式＋食材名稱」命名的飲食，如烤牛肉（불고기）[4]即為一例，因為韓文「불」，除了有「火」的意涵外，還有「辣味」

4 前文提過，韓國烤豬肉料理源自高句麗時代，烤牛肉則晚至日本殖民時代才出現，所持的理由是，一九三〇年代「日帝強占時期」，日本當地也有和韓國烤肉相似的料理，且命名的方式就是「料理方式＋食材名稱」，即是「やきにく」（焼き肉），故推斷韓語「烤牛肉」（불고기）源自於此，為燒肉的固有韓語。另外，在日帝強占時期，發起朝鮮語運動的元老、韓國語學者金允經（김윤경，一八九四－一九六九）在接受專訪時，曾言及韓國飲食命名的發展：「雖然剛開始聽起來很生疏，但能成功將『べんとう』（弁当）的說法改成『도시락』（便當）、『どんぶ

與「火熱」之意——「火熱」的用法，常見於韓國民眾工作一週最期待的週五玩樂夜晚，即被稱為「불금」（불 타는 금요일 밤，Friday night fever）。然而「불」用在料理方式，還有「火烤」之意，故烤牛肉，即為「불」（料理方式）加上「고기」（肉）而成；此類火烤食物，還有火烤辣味烤雞（불닭）、火烤辣味雞爪（불닭발）與火烤辣味魷魚（불오징어）等。

除了烤牛肉外，第四種命名方式的飲食還不少，諸如（石鍋）拌飯（비빔밥），即「비빔」（拌）加上「밥」（飯）而成；炒栗子（군밤），即「군」（烤）加上「밤」（栗子）；烤番薯（군고구마），為「군」（烤）加上「고구마」（番薯）；蒸雞（찜닭），即「찜」（蒸）加上「닭」（雞）。中華料理內的炒飯（볶음밥），即「볶음」（炒）加上「밥」（飯）；糖醋肉（탕수육），也是「탕수」（甜湯水）加上「육」（肉）。此外，來自東南亞的炒麵條（볶음국수），為「볶음」（炒）加上「국수」（麵條），也都是相同的命名方式。

然而現今韓國為舶來品——特別是西方飲食——命名，最常見且最大宗的方式，應該是第五種：直接以「外來語」稱呼。諸如披薩（피자，

pizza）、三明治（샌드위치，sandwich），抑或牛排（스테이크，steak／비프스테이크，beefsteak）、甜甜圈（도나츠，donut）等，都是直接音譯外來語命名食物的最佳實例。

疫情強行改變了飲食習慣

二〇一九年底開始肆虐全球的嚴重特殊傳染性肺炎（COVID-19，俗稱「武漢肺炎」），蔓延世界超過三年才逐漸趨緩，而今日當我們回顧疫情擴散期間的韓國，當地因抗疫之故，飲食習慣也受到衝擊，如「共飲」與

り』（丼）的說法改成『덮밥』（蓋飯）、『やきにく』（焼き肉）的說法改成『불고기』（烤肉），這是多麼好的範例。」請參閱：黃教益（二〇〇八），頁六七；本文內第二、三、四種命名方式，為黃教益之見解，第一、五種命名方式，為筆者之見解。

「共食」就為典型的例子。

誠如前文所述，韓國人愛喝酒，飲酒風氣興盛，論起韓國飲酒文化，不僅不能自己斟酒，也少見獨飲，還有所謂的「酬酌」（수작）。酬酌為韓國人獨特的飲酒文化，即當長輩（如上司、老師等）遞空酒杯給晚輩時，後者得恭敬地用雙手接下，而後等待對方把酒倒滿，接著微側身轉頭一口氣喝完後，立刻用手（袖子）或紙巾擦拭剛才嘴唇碰觸的杯緣處，再交還酒杯給長輩，並為他斟滿酒。換句話說，「酬酌」乃指酒席間「傳接酒杯」之意，「酬」指主人向客人勸酒，而「酌」則指客人為主人斟酒回禮。

這樣的情況，大家一定常在韓劇內的「會食」（회식，公司聚餐）場景看到，抑或去到韓國生活都曾遇過。但在疫情爆發之後，此種酒席上主賓盡興的傳統飲酒文化「酬酌」，卻飽受批評，理由在於新型冠狀病毒多藉由口鼻飛沫傳染，酬酌酒杯正足以成為疫情破口。

其實早在上個世紀，當時任職國立首爾大學醫科的金鎮福（김진복）教授，便曾於一九七二年五月十八日的《東亞日報》上，刊登一篇〈不傳酒杯〉文章批判酬酌，文中提到上班族每到了下班時刻，總會接到同事

「不忙的話，下班就來喝一杯吧！」的邀約電話，而赴約酒席上只要有三、四個人一起喝酒，一定就會發生有人「被傳杯」而強制灌酒的場面；更為重要的是，金教授指出，酬酢文化有「不衛生、不經濟、不合理」等三個壞處——眾人傳接酒杯過程中，一拿一喝一擦一倒（酒），容易將細菌與疾病傳染給對方，實則「不衛生」；且因氣氛關係，酒酣耳熱，不知不覺易「過飲」，造成宿醉等弊病，也易多花費聚餐酒錢，有害無益，故二則「不經濟」；最後也是最為嚴重的是，若席上有酒品不好之人，難保不會發起酒瘋，跟人滋生口角或拳腳相向，造成「不合理」之後果。故金教授總結這三項可謂是「酬酢」之弊，呼籲民間得重新省思此飲酒文化。[5]

今日回頭看此建議，可謂真知灼見，而在嚴峻疫情影響下，當地酬酢

5 「酬酢」習俗其來有自。據周永河的論點，他認為傳接酒杯具有「強化共同體的連帶感」之社交功用，且強烈蘊含韓國一九六〇年代後，獨裁世代強化「集團主義」的意識，尤其當時韓國成年男性皆經歷過軍隊集團主義，故退伍後將此傳杯文化也延續到職場。易言之，軍隊或職場等集團人士，皆以透過傳接酒杯來強化集團內（多數的男性們）的利己主義或團體意識。以上論點，請參閱：周永河（二〇一九），頁三〇七—三〇九（包含引用新聞資料出處）。

情形已經銳減許多。

另一方面，韓國「共食」文化也在此次疫情下深受波及。韓國人用餐時缺乏使用「公筷母匙」的習慣，有許多到韓國留學的學弟妹，對於韓國人用著自己的湯匙，與人共喝一大鍋湯，或是伸手持筷夾取對方碗內的菜餚，以及多雙筷子同時翻動烤肉盤上的肉片等風俗，深感不慣。但就我而言，在異國生活，理當尊重當地文化，「入境隨俗」本是基本生活原則，若是在太平之際，能跟韓國朋友「共食」，也算是互表友誼與信任的社交禮儀，但不幸的是，遇上全球疫情大爆發，此文化恐有害防疫成效。

因此，早在疫情爆發之時，韓國中央防疫單位就已經注意到了韓國餐桌上的「共食」文化，推出「安全餐廳」（안전식당）政策，呼籲民眾使用公筷母匙，大改用餐習慣，並督促店家加強餐具消毒清潔等措施。到了疫情升溫，隨著警戒分級與區域不同，也硬性規定餐飲店家得於晚上十點結束營業，好讓國民能終止一攤接著一攤的「續攤」文化，早點回家；而其他有酒侍相陪的餐酒館、娛樂場所等也強制歇業。

綜觀下來，全球在疫情衝擊下，各國經濟、外交、疫苗開發，抑或人身生命等各層面均大受影響自不消說，一國的飲食文化也漸見改變。回頭看看自身，歷經嚴峻疫情考驗的我們，更應檢視餐桌上的飲食文化，不管是長輩總愛用自己的筷子夾菜餚給小孩吃，或是大家在吃飯時總愛邊吃邊聊天，口沫橫飛，甚至是餐具有無完善消毒等，都要朝著最安全衛生的方向改變。

最後，我想起我很喜歡的法國作家阿爾貝・卡繆（Albert Camus，一九一三－一九六〇），他於名著《鼠疫》（*La Peste*，一九四七）言及：「看到它（鼠疫）給我們帶來的苦難，只有瘋子、瞎子或懦夫才會向鼠疫屈膝。」描寫人類遭遇鼠疫肆虐，卻永不放棄與疾病鬥爭，讓人動容並省思——疾病隨時就在我們身邊，苦難無時都在人們日常，大家絕不能輕易放鬆，才能克服每一次嚴峻的挑戰，也希望我們有生之年都不要再一次遇到類似的疫情。

第二部分

在韓的臺灣味與日本味

臺灣奶茶韓國瘋

就是愛高熱量

逛韓國 7-11 或 GS25（韓國當地連鎖便利商店），總會看到熟悉的臺灣味——知名包裝飲料阿薩姆奶茶（아사무 밀크티）。

此外，熱門飲品「純萃・喝」（대만 밀크티 춘쉐이허）咖啡系冷飲也換了新包裝，推出「濃厚系」的純乳奶茶、茉綠奶茶與重乳拿鐵口味，打

開當地冷飲市場。而這些飲料售價可不便宜，分別為一千五百韓元（約新臺幣三十八元）、三千韓元，比起臺灣貴上不少。但也沒辦法，搭船坐飛機過去的，當然比較貴。

這兩種牌子的奶茶，臺灣人普遍認為甜度高，甚至得配上好幾杯白開水，才稀釋得掉這濃醇甜的「糖水」飲料呢。

然而一跟外國人提到臺灣飲料，最具代表性的莫過於「珍珠奶茶」（버블티）了。早在十餘年前，韓國街道已可見臺灣知名茶飲品牌「貢茶」（공차）進駐。

近幾年，珍珠奶茶廣受韓國人熱愛，但身為辛苦留學生，要喝上一杯要價五千韓元（約新臺幣一百二十五元）的珍珠奶茶，恐怕還得考慮一下。因為一杯珍珠奶茶的錢，比一頓裹腹的「學餐」，還貴上千韓元。

說來也有趣，臺灣三步一茶攤、五步一加盟店的手搖飲料文化，到了韓國變得更為精緻化。

一則是當地商家會把街道的茶攤（如貢茶）改建成咖啡廳，讓消費者可入內坐享茶飲；二則是店內往往還兼賣搭配茶類的糕點。

貢茶的服務方式也讓韓國人覺得新奇：點冷飲時總會遇到「茶是要全糖、半糖或微糖？」「飲料要去冰嗎？」等「臺灣式」詢問，對冷飲「細微處」特別用心，不似一般韓式咖啡廳，是固定調配飲料糖分，或把糖漿（시럽）放在櫃檯上，讓客人自行添加，就連加不加冰塊，也得客人主動告知，否則就是按ＳＯＰ（標準作業程序）調製了。

韓國興起臺灣奶茶風，就連韓國人來到臺灣旅行，也愛多喝上幾杯正港珍奶，伴手禮買的也是「三點一刻」奶茶包，可以說，臺灣奶茶正在全面進占韓國呢！

為何韓國人如此熱愛臺灣「奶茶」呢？市場引進的為何不是臺灣的紅茶、綠茶，或蘆筍汁與保力達、蠻牛呢？

是貢茶、三點一刻這兩間公司行銷手段好？肯請大明星拍廣告？還是願砸大錢打入韓國市場？我們當然可以分析飲料品牌的行銷手法、包裝特色與售價策略等，但這些並非是根源性的剖析，所有的問題都必須回到「人」身上。若是韓國社會的「人」本身不接受該產品，臺灣奶茶也不可能短短幾年就成功打入當地市場。究其主因，是因為「生活世界」之不同。

我認為韓國「間差社會」中的「零食」（간식），相較於臺灣，特色是熱量高、分量少，如《朝鮮日報》（二〇一四／十二／十九）報導，僅上市一百一十天的「蜂蜜奶油洋芋片」（허니버터칩），竟創下每天熱銷近八萬包、銷售額突破了一百零三億韓元（約新臺幣二億六千萬元）的紀錄，足以為證；又如當地屢見以濃厚奶油為主體的麵包與鬆餅等。這些都一再顯示，韓國人工作時是多麼需要這些高熱量的零食來「充電」補充體力。[1]

飲料也是一樣，不論是可樂、運動飲料或咖啡，分量都比臺灣少了近一半，為的就是補充剛好的熱量，避免吃飽喝足後就打起瞌睡，讓人趕緊補充完體力，再投入到這「八里八里」（빨리빨리，快一點）社會的工作。

換句話說，臺灣奶茶能打入韓國市場絕非偶然，它與韓國人的意識相呼應。

你說，韓國人手一杯臺灣珍珠奶茶，對韓國人是幸還是不幸呢？

1 韓語「充電」（충전）一詞不同於中文語脈，意指休息過後的感受，而中文意指學習、進修等。

到三點一刻喝奶茶

韓國當地零食、冷飲，與臺灣相比，量小、價貴、熱量高，讓人吃完後能快速補充體力，馬上再投入職場奔波與課堂學習，有趣的是，奶茶口感不只偏甜，其濃厚香味與精美包裝瓶，更使得當地年輕人能「近」取譬，美稱為「化妝瓶奶茶」（화장품통 밀크티），這一點臺灣人應始料未及。

韓國人有多麼熱愛臺灣奶茶呢？我們可從風靡全韓的貢茶現象說起。貢茶在二〇〇六年從臺灣興起，二〇一二年後飛到韓國開設分店，首先在首爾鬧區弘益大學附近開設起第一間分店，短短四年間，全韓各地已有四百多間分店，旗艦店一間比一間大，且獲利率極為驚人。

二〇一四年，貢茶於韓國總營業額高達五百三十九億韓元（超過新臺幣十三億元），儘管低於當年 Starbucks 的六千一百七十一億韓元（約新臺幣一百五十四億元），與 Caffe Bene（咖啡陪你）的一千四百六十三億韓元（約新臺幣三十七億元），但其成長速度連韓國人也訝異。因為貢茶的獲利率高達二十二・三％（前一年為二十七・四％），皆高於 Starbucks 的六・五％（前一年為六・七％）與 Caffe Bene 的八・五％（前一年為六・三％），且後續看漲。依最新數據，二〇二三年貢茶總營業額已達一千八百零九億韓元（約新臺幣四十五億元），十年間成長超過三倍。

此外，韓國貢茶也入境隨俗，特地找來年輕人喜愛的明星李鍾碩拍攝廣告，大大提升品牌曝光率。

韓國人還多麼熱愛臺灣奶茶呢？這一點由他們來臺帶走的伴手禮也可得知。

從韓國知名旅遊部落客推薦，至旅遊臉書專頁 Travel Factory 介紹，很多韓國背包客來到臺北，多會選擇住宿在西門町周邊。之所以選擇此處，除了大街小巷店家所販賣的商品適合年輕消費族群外，平價住宿與便利交通也是其所考量的，但更吸引他們的是媒體強力報導的家樂福賣場——此賣場已成為韓國觀光客搶購臺灣伴手禮的重要據點，尤其是採購「三點一刻」奶茶包。

臺灣人對三點一刻奶茶再熟悉不過，但任誰都想不到竟跨海熱銷到韓國。據統計，二〇一六年臺灣境內賣給韓國觀光客帶走的就高達兩百萬包茶包，且供不應求，儼然成為新的臺灣之光。

我曾詢問韓國朋友為何這麼喜歡三點一刻，除了已有珍珠奶茶在當地「推波助瀾」，三點一刻的口感獨特也是主因——它是全球首創，且強調百分之百臺灣製造的即溶奶茶茶包，濃厚奶香更是韓國任何一款茶包都比不上，而且還能用熱水回沖數次，真是一包抵兩包，物超所值，難怪韓國人如此熱愛。

目前韓國當地也已引進三點一刻茶包，但售價高於臺灣許多，十五入盒裝包就要四萬韓元（約新臺幣一千元）以上，貴上一倍。故許多韓國朋友來到臺灣，除了嘗一嘗臺灣「本社」（본사，總公司）的珍珠奶茶，也愛買上幾盒物美價廉的三點一刻。

但讓我驚奇的是，進軍韓國多年的臺灣奶茶三點一刻，迄今仍魅力不減，為了促銷，不僅推出了臺灣未見的牛奶瓶身玻璃罐裝，在二〇一七年當時，更在首爾一級戰區江南區開起「快閃店」。

十坪的空間，採用透明的玻璃外觀，讓行人從外面即可看見店內充滿濃濃臺灣味的商品；店外看板上則用鮮明的紅白字，寫上招牌「三點一刻」，還在旁備註上「TAIWAN CAFE」，大大打響臺灣名號。店內擺滿琳瑯滿目的經典原味奶茶、玫瑰花果奶茶、經典伯爵奶茶、炭燒奶茶、日月潭奶茶、咖啡拿鐵等一箱又一箱的奶茶包，讓人彷彿置身在臺灣。

而且店內所用的奶茶馬克杯也非一般現成品，而是專門設計的三點一刻 logo 紅白杯、透明杯，試營運期間還贈送給顧客三點一刻經典小茶杯，吸引了大量人潮。

最後要提的是，三點一刻的名稱，易讓人聯想到喝下午茶的時間。於是三點一刻首爾咖啡廳快閃店，順勢推出下午茶點，引進臺灣的鳳梨酥、牛軋糖、鱈魚香絲、臺式烘焙餅乾，甚至還有夾心起司、牛軋糖口味餅乾，供客人放入微波爐加熱，搭配奶茶食用，果然是讓人放鬆的「三點一刻」啊！

甚至店內還販賣韓國人深愛的芒果蒟蒻軟糖、臺灣泡麵跟熊寶貝衣物香氛袋等商品。最新奇的是，店家還搭上時興的夾娃娃機風潮，店內的夾娃娃機裡面有著各式各樣臺灣奶茶包、餅乾，讓客人有吃又有得玩。這些都顯示了三點一刻全力在韓國飲料圈打下一片江山的企圖心。

經常洗版IG的手搖飲

最後不能忘了提黑糖珍奶（흑당버블티）。

臺灣朋友應都喝過黑糖珍奶，甚至對臺灣自有品牌如數家珍，各縣市也常舉辦（黑糖）珍奶大PK，票選出口感、美感，抑或CP值最高的珍奶品牌，供消費者參考。商家精心調配黑糖、牛奶與茶湯的比例，搭配造型感十足的飲料杯，黑糖珍奶於是躍升為年輕人IG（Instagram）上的吸睛美照。

在貢茶之後，號稱具有豐富營養，能補中益氣、化食、健脾暖胃，甚至止痛、行血、活血散寒等效用的黑糖飲品，於二〇一九年也紛紛跨海前去韓國設店展業。

我們所熟知的老虎堂[2]、珍煮丹等知名茶飲品牌，現今都可在韓國輕易喝到，儘管要價不菲，一杯售價要四、五千韓元。另一方面，許多韓國自創品牌咖啡廳也趕上此波黑糖商機，爭相推出自家黑糖珍奶茶品，便利商店同樣不落人後，上架了五花八門的黑糖飲品，可以說黑糖魅力無法擋。甚至我曾在前往首爾鬧區明洞（명동）考察時，還看到「疑似」山寨版的臺灣珍珠奶茶店也販售黑糖珍奶，但引人一笑的是，店家在店外畫錯中華民國國旗（光芒太多？），且宣傳標語不知是否為 kuso，竟寫成「陳祖奈察」（珍珠奶茶？），著實「吸睛」，但由此魚目混珠的看板，足見黑糖珍奶之風正盛行。

2 老虎堂曾於二〇一八年被踢爆廣告不實，引起食安疑慮，造成社會軒然大波。當時其招牌商品黑糖珍奶號稱「手炒黑糖」，卻因「賣得太好」，供應不及，遂私下改為機械製作，消息一出，消費者大為不滿，最後商家好不容易才平息「民怨」。但此風波也警惕餐飲業者得時時注意食材用料與廣告信用。

不得不說，從珍珠奶茶、黑糖珍奶到化妝瓶奶茶，演變到韓國遊客來臺搶購三點一刻茶包，再到奶茶包品牌耗費鉅資，於當地開起實體快閃店，都可看到臺灣奶茶正以一種晉級又進擊的樣貌，在韓國流行起來。

臺灣古早味蛋糕興衰史

登韓前夕的蛋糕大戰

文化交流非單向輸出、輸入，而是互相交流與影響。如同臺灣有不少中文流行語都是鄰國流傳回來，像受到日文漢字影響的「主觀性」、「客觀性」、「存在主義」、「主（被）動式」、「哲學」等；又如現今年輕人常掛在嘴上的「大發」（대박）、「吃貨」（먹보）、「暖男」（훈남）等流行語，則是

從韓國傳過來的。

食物也是這般。

前文提到韓國街道曾充滿濃濃「臺灣味」，除貢茶珍珠奶茶、純萃・喝飲料、三點一刻奶茶包外，臺灣的淡水古早味蛋糕也廣受好評。

在當時一度在搜尋網頁打上「古早味蛋糕」，都會跳出與韓國相關的新聞，且臺灣淡水幾間店家也會拿此「臺灣之光」作為宣傳。也因為古早味蛋糕從韓國紅回臺灣，很多國外觀光客到淡水遊玩，皆想一嘗原始風味的臺灣古早味。

臺灣古早味蛋糕在韓國爆紅，約從二〇一六年初開始，更早之前，最知名的連鎖店即是打著臺灣淡水名號的「淡水大王卡斯特拉」（단수이 대왕카스테라）。[1] 該公司於二〇一六年七月，在首爾鬧區弘大商圈附近成立第一間總店，以食材健康天然與蛋糕現烤出爐為號召，紅火擴店。

耐人尋味的是，臺灣古早味蛋糕登韓前，韓國可是不缺蛋糕的，如在「街道三多」（指手機行、炸雞店、咖啡廳）之一的咖啡廳內即有形形色色的切塊蛋糕，諸如西式的提拉米蘇、草莓蛋糕、乳酪蛋糕，或是法國有名的「少女酥胸」馬卡龍（Macaron）、日式的抹茶茶點等，售價約五千至一萬元韓元不等（約新臺幣一百二十五至二百五十元），如果人們嫌分量太小，吃得不過癮，也有小吋的巧克力蛋糕、草莓蛋糕，讓人大快朵頤。

不過最受歡迎的蛋糕類，莫過於鬆餅（와플）了。店家依顧客喜好，在表層有著一格格凹陷的鬆餅上，抹上巧克力醬、奶油或水果果醬等，配合剛出爐的蒸氣，混雜甜蜜的奶油、果醬香味，濃郁地飄散在咖啡廳，這就是韓國咖啡廳的味道。

除了咖啡廳的蛋糕，街道上也有類似現烤蛋糕的小吃，如韓式鯛魚燒（붕어빵）。韓式鯛魚燒源自一九三〇年代的日本，業者先設計好鯛魚造型的黑色燒烤模具，加熱模具後倒入麵糊，再添加紅豆泥或奶油作為內餡；烤好的金黃色鯛魚燒，約成人手掌大小，熱銷的季節是冬天，人們只要花小錢（一份〔約三—五個〕二千韓元左右，約新臺幣五十元）就能買到

1 卡斯特拉（下文另譯「咯斯提拉」），即 castella，更廣為人知的名稱是「長崎蛋糕」。臺灣古早味蛋糕，在日、韓被稱作臺灣卡斯特拉。

可愛的「可吃式」手暖爐，大大溫暖手與胃。而有規模地經營鯛魚燒店面者，為二〇〇九年在首爾創立的麻布（AZABU）鯛魚燒，號稱韓國第一家鯛魚燒專賣店，其手藝傳承自嫁到日本的鄭金順（정금순）老奶奶，在韓國境內約有七間分店，並跨足中國市場（二〇二四年）。

另一方面，商人看準鯛魚燒商機，二〇一一年出現改良版的 Happy Sopong（해피 소뽕이）鯛魚燒專賣店。Happy Sopong 所賣的鯛魚燒，異於日本大眼無神的鯛魚燒，顯得更加可愛，且業主還精心在魚身上加上幾點巧克力醬或果醬，作為鱗片裝飾；內餡除了紅豆、奶油，也加入當地人最愛的地瓜、香腸、烤肉或披薩等口味，跳脫了傳統日式餡料。但讓消費者最有感的是，Happy Sopong 鯛魚燒看起來分量更大，因為它保留了香甜酥脆的方形邊。截自二〇二三年為止，融合咖啡廳形式經營的 Happy Sopong，已於首爾近郊開了四間分店。

此外，我也發現了為數不少的創意鯛魚燒小吃攤。有攤販做出讓人莞爾一笑的大便造型「大便燒」（똥빵），還有的是完全捨棄日本鯛魚造型，開發出花蟹或當地特產魚的外形，似乎想與源自日本的鯛魚燒一較高下。

冬天能吃上熱呼呼的鯛魚燒的確幸福，但在夏天也有冰淇淋鯛魚燒——魚腹塞滿香草口味冰淇淋的鯛魚「冰」，就在便利商店裡任君選購；還有食品公司開發出不少造型可愛、內餡為巧克力或紅豆的鯛魚燒零食，搭配色彩繽紛的包裝，瞄準小朋友荷包。

再說回韓國街上的現烤蛋糕，除了鯛魚燒外，不得不提韓式雞蛋糕（계란빵）。韓式雞蛋糕迥異於臺灣雞蛋糕，臺灣雞蛋糕多以麵粉、雞蛋、糖為原料，且不加餡料，又因模具烤出來的蛋糕形狀約為一顆雞蛋大小而得名；至於韓式雞蛋糕，則是在剛出爐的蛋糕上，加入整顆半熟或全熟雞蛋，而後用叉子撐起整個蛋體裝進紙杯內。

韓式雞蛋糕售價並不貴，大約一千韓元（約新臺幣二十五元），但有時會因販賣區域不同，如觀光客較多的地方，地段租金貴，會有貴上五百韓元左右價差的情況。

就此看來，臺灣淡水古早味蛋糕登陸韓國前，街道上就已經存在許多現烤蛋糕的品項，如鬆餅、鯛魚燒跟韓式雞蛋糕。當然，還有許多小巧的現烤糕類，只是礙於篇幅所限，無法一一列舉。

韓餅與臺味現烤蛋糕

除去上述各式蛋糕點心，一跟韓國人聊到什麼是冬天必吃的經典韓式糕點類，恐怕十之八九的人會回答「韓餅」（호떡，黑糖餅）。韓餅可是大有來頭，它比西式鬆餅、日式鯛魚燒或近代雞蛋糕起源更早。根據現有資料，韓餅大約在朝鮮王朝一八八二年的壬午軍亂時，就從蒙古傳入朝鮮半島；就字源考察，韓餅的韓文「호」也對應出「胡」這一漢字，跟中國人愛吃的「燒餅」一樣，都是傳自域外。

來自中國的「胡」餅，原本沒有任何內餡，而是沾著肉湯一起吃，但傳入到朝鮮半島後，食物卻變了樣。在一些過往文人的文學作品內，都可看到描寫辛苦農事過後的農夫，休息時刻吃著韓餅補充體力，這時本無內餡的「胡」餅，其內塞入人們易取得的蔥與蔬菜，變樣成「韓」餅了。這樣的韓餅故事，也曾收錄到韓國家喻戶曉的《食客》（식객）漫畫內。

來到二十一世紀的韓國，大家熟悉的韓餅則是黑糖餅。

寒冷的冬天，韓國人愛吃熱呼呼的黑糖餅。黑糖餅做法很簡單，即把麵粉糰捏成圓形，塞入內餡，丟入方形油爐炸，約等個三、四分鐘，炸到外表成為金黃色再撈起，之後於平底油鍋上用擀麵棍壓扁，一塊黑糖餅就大功告成——黑糖餅剛出爐時十分燙口，吃的時候得特別注意。

目前韓國當地的黑糖餅，內餡以黑糖或堅果類為大宗。不過有些店家也發揮創意，換成塞入豬肉、蔬菜等內餡。此外，韓國食品商則開發出低熱量、脆皮的黑糖餅零食，讓嘴饞的人隨時來上一塊。當然，除了黑糖餅，街邊現炸熱食也不在少數，如熱狗、炸裹麵粉的雞蛋或炸魷魚等。不過這類高熱量的油炸物跟西式甜甜圈一樣，常吃對身體不好。

的確，冬天就是要吃剛出爐的暖胃美食，人們包裹著大衣，圍著溫暖圍巾，駐足在街道小吃攤前，吃著熱騰騰的現炸美食，也成為韓國冬天特有的風景。

前幾年風靡韓國的臺灣淡水古早味蛋糕，剛好就符合上述這幾項特色，在二〇一六年以晉級又進擊的樣貌出現。

追究起來，韓國的淡水古早味蛋糕會被臺灣人注意到，乃是臺灣PTT某網友分享他在釜山富平國際夜市（부평깡통시장）所發現的臺灣味，創作出〈淡水蛋糕反攻韓國〉一文，內文更附上現場拍攝到的「古早味．臺灣喀斯提拉」（대만 카스테라）店家照片，讓臺灣人得知淡水古早味蛋糕早已紅到韓國去了。

在韓國維基百科內，言及喀斯提拉多以雞蛋、砂糖、蜂蜜與麵粉為主，最終成品是上面有著一層薄糖衣的長形烤蛋糕。相似的韓國食物，還有西式的「雪餅」（설고）、「雪糕」（설고빵），但就我看來，古早味蛋糕就是臺灣人拜拜時用以供奉的傳統「戚風蛋糕」（又稱「海綿蛋糕」）。

從網友提供的照片，可清楚看到不到三、四坪的小店家門外，人們大排長龍，店內販售的產品也化繁為簡，只販售兩種口味的現烤蛋糕，分別是原味（六千韓元，約新臺幣一百五十元），以及起司口味（七千韓元）。但最引人目光的是店家所打出的宣傳標語：「從臺灣當地正式簽約，引進正統的現烤蛋糕做法：正古早味臺灣現烤蛋糕」。

這篇PTT爆紅的〈淡水蛋糕反攻韓國〉，吸引國內媒體注意，紛紛報導臺灣古早味蛋糕在韓國廣受歡迎的盛況，如「門口大排長龍，明顯征服韓國人味蕾……不少韓人便在他們的家鄉，開起了臺式古早味蛋糕店，每天數鈔票數到手軟」、「出爐時間一到，五分鐘就賣光光」、「不少韓國觀光客到臺灣玩，一定要來淡水（古早味蛋糕）創始店朝聖」等，誇讚起登韓成功的臺灣古早味蛋糕。另一方面，臺灣店家對此「臺灣之糕」與有榮焉，順勢掛起國外報導吸引客人。

其實臺灣古早味蛋糕會在韓國爆紅並不奇怪，其分量相比起鬆餅、鯛魚燒、雞蛋糕或黑糖餅，整整大上好幾倍，價錢也不算貴，六千韓元即可買到一盒熱騰騰現烤出爐的蛋糕，物超所值，這也就是為何韓國當地在宣傳此蛋糕時總愛打出「大王」二字的原因。且臺灣古早味蛋糕在韓國並非以街頭小攤販的形式出現，反改以精美而具規模的店面來經營，其店外招牌寫著吸睛的外來語漢字「臺灣」或「古早味」，讓人一看大略得知是「舶來品」。此外，經營模式也採企業化，統一價格、標語，明確標示蛋糕出爐時間，相較攤販推車隨意貼上雞蛋糕貼紙，或老闆可隨意塗改的價目表，更具質感。更何況店內員工皆穿上乾淨制服，加上頂著廚師帽的師傅，從廚房抬出剛出爐的新鮮蛋糕，於熱氣未散的蛋糕一角，蓋上「古早味」或「正統」標章，而後以切刀等分地切割蛋糕，更是將甫出爐蛋糕的美味吸引力發揮極致，往往都會引來民眾搶購。

再者，素樸的金黃色現烤蛋糕，少了多餘的外皮糖分與果醬，在強調炫目、整形、華麗的韓國社會，看似不合時宜，卻帶給人們新鮮健康的印象。業主為了拉長蛋糕的銷售季節，也開發出許多促銷活動，諸如買蛋糕送冷飲（大多是小瓶盒裝牛奶），或冰冷生奶油套餐組合，讓熱氣蒸騰的蛋糕也能在炎熱天氣輕鬆入口，把原先限定冬天販售的商品，熱賣到春、夏兩季。

經過創新的行銷模式包裝，韓國當地的臺灣古早味蛋糕也就一間接著一間開張，只要上韓國網站一搜，除了「古早味」（고조미）、「大王」（대왕）等知名的大型臺灣古早味蛋糕連鎖店，還有「大號」（대호）、「正統」（정통）、「臺灣姐姐」（대만 언니）、「大兄」（따거）、「老街」（라오제）、「魔王」（마왕）等，不計其數打著臺灣古早味蛋糕名號的店家，如雨後春筍般大肆擴店，當地陷入一陣瘋狂搶購臺灣古早味蛋糕的熱潮。

「你看看，誰說臺灣文化不能輸出到國外？蛋糕在韓國爆紅起來了！」「韓國人也哈臺了，我們來賺世宗大王韓幣惹！」許多臺灣留學生看到古早味蛋糕爆紅，都跟著欣喜愉快。

是羅生門還是鄉愿？

在韓國爆紅的臺灣古早味蛋糕，終於紅回臺灣。

那時來到臺灣旅遊的韓國年輕人總會刻意安排行程到淡水，一嘗道地古早味蛋糕。但是淡水當地同音不同字的雙胞胎店家「源味本鋪現烤蛋糕店」與「緣味古早味現烤蛋糕」卻鬧起紛爭。先不論蛋糕的口感、價錢或經營方式誰優誰劣，這兩間店皆趁著這股「韓風」，大做宣傳，搶錢一波。如源味本鋪在官方臉書上，貼出「韓瘋臺蛋糕」、「臺古早味海綿蛋糕，攻下韓國美食市場」之標語；緣味則在二〇一六年十二月底，宣布以同名

「淡水老街緣味古早味現烤蛋糕」進軍韓國市場，更在臺中鬧區一中街開起新分店。

與此同時，經由新聞媒體大力放送，臺灣各地的蛋糕店家也搭上此次蛋糕潮，使得許多年輕人重新注意到古早味蛋糕（戚風蛋糕或海綿蛋糕）這道美食，連帶也提升店家的業績。

但該說是人紅是非多，還是夜路走多了，終究會碰到鬼呢？

二〇一七年三月十二日，韓國電視節目「美食街X檔案」（먹거리 X파일）查到在這半年間，擴店近兩百間分店，受到年輕人歡迎的「臺灣淡水大王卡斯特拉」疑似宣傳不實，且使用不良食材。

「美食街X檔案」好奇打著臺灣（淡水）招牌的韓國店家，是如何做出比一般店家大上兩倍分量，但價錢卻只有一半的現烤蛋糕，也調查了店家最自豪的製作食材是否名符其實。

節目裡訪問到的消費者，對於此超高CP值蛋糕的評價兩極：有的人反映吃完這滿滿一盒蛋糕並沒有飽足感，認為太過「膨風」；也有消費者表示，現烤蛋糕比較新鮮健康，嘴饞時都會吃上一盒。

但對淡水大王最致命的一擊，是節目赫然發現在四道製作蛋糕的工序中第三道，店家摻了將近七百毫升的大量食用油，人如果吃多了恐會造成身體負擔。

此外，店家所專門使用的麵粉也大有玄機，原食材麵粉包裝上竟標示有乳化劑、膨脹劑、合成香料、蘇打等化學原料，與店家主打的「健康蛋糕」口號背道而馳，大大打擊古早味蛋糕名聲，爆發出食安危機。

雪上加霜的是，有些分店還遭人檢舉，說是店家為追求利潤，會偷偷使用隔夜奶油與混摻次等植物油，取代成本較高的全奶油等，種種醜聞幾乎擊垮登韓的臺灣（淡水）古早味蛋糕。

果不其然，食安危機爆發後，短短不到半個月時間，臺灣淡水大王卡斯特拉古早味蛋糕店的營業額遽降九成，曾經紅極一時的健康蛋糕，剎那間成為黑心蛋糕。當年度三月二十八日卡斯特拉店主接受訪問時，宣稱總公司已經歇業，底下分店紛紛改名，試圖重振「糕」風，但乏人問津，面臨倒閉危機。

此消息一傳回臺灣，其中不乏之前「沾光」讓生意紅火的古早味蛋糕店家，一改先前欣喜臉色，跳出來澄清店內所用的食材跟韓國完全不同，某淡水古早味蛋糕店員在接受訪問時，也一口斷定說：「韓國開的古早味蛋糕，跟我們ＸＸ本鋪完全沒有關係。」意即該品牌臺灣古早味蛋糕根本沒在韓國開分店，是誤會一場。店員更指出，回到韓國開業的業主所學到的製作蛋糕手法，與強調天然食材等宣傳，都太過於「膨風」，迥異於臺灣本地的製作手法與對食用植物油的堅持。臺灣店家態度一面倒，緊急與之前紅遍東北亞的登韓臺灣古早味蛋糕切割。

這樣的立場，倒也可以理解。

但如同我最初所言，文化交流並非僅單向而是雙向。人們總特別在乎某物發源於何處，過度聚焦考古式的歷史考察，忽略了隨著時間流逝，起源的重要性可能會漸漸模糊淡化。若過於局限「起源」觀點，恐易讓人忽略發源於Ａ地的某物來到Ｂ地，是如何適應當地民情、習俗、經濟、環境等因時因地因事所發生的演變。

食物更是這般。臺灣本地販售的古早味蛋糕，原本口味有黃金起司、肉鬆海苔、養生桂圓、杏仁堅果、蔓越莓、香蕉牛奶與爆漿巧克力等數種，其中又以傳統不含餡的口味最受大眾歡迎。為何傳到韓國後，現烤蛋糕內又再加入高熱量的奶油、更濃的起司呢？而臺灣作為韓國古早味蛋糕的發源地，許多臺灣人卻是等到古早味蛋糕在韓國爆紅後才得知此美味，這個成果又該算誰的呢？

回頭看前文所提到「起源」於臺灣的貢茶珍珠奶茶，其在韓國投入大量資金，請來一流明星打響名號，讓貢茶於二〇一四年獲選韓國最受歡迎的飲料，若人們上網搜尋「臺灣」貢茶代言人，會發現竟是「韓國」明星李鍾碩，這樣的臺灣貢茶真是臺灣品牌嗎？今日貢茶已成為完全的外資企業，此時我們再抱持「韓國珍珠奶茶來自臺灣」、「韓國貢茶原本來自臺灣」等看法，有其正當性嗎？還是只為滿足自身的虛榮感呢？誕生於臺灣，卻於韓國發揚光大的貢茶，最終的成就要歸給誰呢？

就目前看來，臺灣淡水大王卡斯特拉鬧出食安風暴，讓韓國消費者大失信心[2]，「臺灣之糕」竟成一場夢。

我不得不感嘆，在韓國未爆出蛋糕食安危機前，「臺灣」是有多麼驕傲於古早味蛋糕之魅力，但在爆出食安問題後，「臺灣」店家紛紛急匆匆與韓切割，這又是多麼鄉愿的一面啊！

2 二〇一九年上映、二〇二〇年獲奧斯卡金像獎最佳影片、最佳國際影片、最佳導演及最佳原創劇本諸多獎項的《寄生上流》(기생충)，便在影片初開頭時，出現一塊腐爛、被人丟棄的「臺灣淡水大王卡斯特拉」古早味蛋糕，即為一例。

日本麵在韓國改頭換面

冷麵就是該冬天吃

位屬亞熱帶，炎炎夏日平均溫度都有二十八、二十九度的臺灣，人們只要走進便利商店，都可見到架上擺滿各國風味的涼麵（或冷麵），諸如泰式酸辣冷麵、日式蕎麥風味麵和臺式麻醬涼麵等，爭奇鬥「味」；而來到街頭一看，夏日涼麵攤的生意總是特別好。臺灣傳統涼麵的麵條大多使用油麵，料理方式是將油麵燙熟撈起後拌油晾涼，視各家手法不同，有的撈起麵後還會再泡過涼水，而後加上自製的沾醬或拌醬，供客人拌勻食用。臺式拌醬多以芝麻醬、醬油、醋、砂糖與大蒜等調味製成，常見的涼麵佐菜則以小黃瓜、蘿蔔絲或豆芽菜居多，當然也可隨個人喜好，加入美乃滋、火腿。能在豔陽高照、食欲不振的夏日，吃上一碗爽口的涼麵，總令人身心愉悅。

臺灣鄰近的東北亞國家，也有類似的涼麵料理，且相較起臺灣的「涼麵」，韓半島當地「冷麵」（냉면）尤為流行。二〇一八年四月南北韓領袖高峰會，北韓金正恩特別替南韓文在寅總統準備了「平壤冷麵」，讓冷麵引起不少關注。冷麵（蕎麥麵、馬鈴薯澱粉）與涼麵（油麵）的差別，除了食材有些許差異，最明顯的是冷麵的麵條與湯料溫度，比起涼麵還要「冷」上許多，如南韓水冷麵（물냉면）湯汁上還浮有些碎冰呢！

微妙的是，韓國人在「以熱治熱」、「以冷治冷」的飲食觀下，於夏季反而不似臺灣人以吃冰解暑，而是會吃上熱滾滾的人蔘雞湯用以逼出汗來、排毒與恢復精氣；到了冬天，韓國街道上許多年輕人身穿羽絨衣，脖繫大圍巾，手上卻是拿著冰棒甜筒大快朵頤吃起來，讓人感到嘖嘖稱奇。（參見前文〈以熱治熱，以冷治冷〉）之所以如此，是韓國人堅信飲食得順應天氣與季節，在夏天人體體內暑氣高，硬是吃冰喝涼消暑恐傷身；冬天人體體內寒氣重，硬吃燙吃辣硬避寒，日久下來，身體也難以承受。

換句話說，原來韓國人並非是在炎熱夏季吃冷麵，而是在下雪的冬天品嘗有著碎冰、醃水蘿蔔、泡菜的冷麵，吃到牙齒直打顫。而此吃冷麵的傳統風情，也保留在北韓著名詩人白石（백석，一九一二—一九九六，本名白夔行〈백기행〉）的名作〈麵〉（국수，一九四一）詩內，詩內一開頭就提到「冬季」的山城景色：「天下了場大雪，日落之刻肚子餓……這令人喜悅之物是什麼呢？這灰白柔軟、平凡清淡之物是什麼呢？在冬天的夜晚讓我精神為之一振，讓我喜歡上這醃水蘿蔔泡菜湯汁，愛上辣口辣椒粉，戀上新鮮的山雞肉，還有喜歡上用瀰漫菸草、食醋、白切肉熬出的高湯香味，此物到底是什麼呢？讓我珍惜這安靜村莊與村裡正直的村民，讓我感

到熟悉之物又是什麼？這極為高雅平素之物又是什麼呢？」[1]

然而時代在變，食文化也有所轉變，現今韓國人吃冷麵已不限定在冬天，這道佳餚反倒逐漸在夏日受到歡迎。對此，韓國當地美食家黃教益大嘆這變了調的冷麵吃法，認為夏天吃冷麵談不上高雅素樸，就只是吃起來涼爽罷了，冷麵就應該要在飄著白雪的冬季景致裡細細品嘗，才能感受到它的美味。

但我們先不論冬天吃冷麵的情懷，對於臺灣人而言，首先會觀察到韓國冷麵麵條非以油麵為主，反倒以蕎麥麵居多，且現今大致可分為：平壤冷麵、蕎麥（冷）麵（在二十世紀初期稱為「막국수」，二十世紀中半葉後多稱為「메밀국수」）、日式蕎麥麵（소바，そば）三種。

這三者麵條主材料都是蕎麥，但製麵方式與味道重點卻不盡相同，平壤冷麵和蕎麥冷麵，皆是把蕎麥麵糰放入壓麵機，製出麵條後再加以料理，而日式蕎麥麵則是將麵糰壓扁後，費些利刃工夫，一刀一刃削出細長麵條入鍋；次之，平壤冷麵的味道重點多集中在高湯與麵的協調，蕎麥冷麵則在乎麵條與拌醬的協調，而日式蕎麥麵則著重在醬汁（쓰유，つゆ）

上，好的醬汁對蕎麥具有提味效果。

韓國人堅信好食材搭配適當醬汁，可以提升味道檔次，於是在傳入韓

1 〈麵〉原詩為下。文中僅節錄翻譯：눈이 많이 와서/산엣새가 벌로 나려 멕이고/눈구덩이에 토끼가 더러 빠지기도 하면/마을에는 그 무슨 반가운 것이 오는가보다/한가한 애동들은 어둡도록 꿩사냥을 하고/가난한 엄매는 밤중에 김치가재미로 가고/마을을 구수한 즐거움에 사서 은근하니 흥성흥성 들뜨게 하며/이것은 오는 것이다./이것은 어느 양지귀 혹은 능달쪽 외따른 산 옆 은댕이 예데가리 밭에서/하로밤 뽀오얀 흰김 속에 접시귀 소기름불이 뿌우현 부엌에/산멍에 같은 분틀을 타고 오는 것이다./이것은 아득한 녯날 한가하고 즐겁든 세월로부터/실 같은 봄비 속을 타는 듯한 녀름 속을 지나서 들쿠레한 구시월 갈바람 속을 지나서/대대로 나며 죽으며 나며 하는 이 마을 사람들의 의젓한 마음을 지나서 텁텁한 꿈을 지나서/지붕에 마당에 우물 둔덩에 함박눈이 푹푹 쌓이는 여늬 하로밤/아베 앞에 그 어린 아들 앞에 아베 앞에는 왕사발에 아들 앞에는/새기사발에 그득히 사리워오는 것이다./이것은 그 곰의 잔등에 업혀서 길러났다는 먼 넷적 큰 마니가/또 그 집등색이에 서서 자채기를 하면 산넘엣 마을까지 들렸다는/먼 옛적 큰아바지기 오는 것같이 오는 것이다./아. 이 반가운 것은 무엇인가/이 히수무레하고 부드럽고 수수하고 슴슴한 것은 무엇인가/겨울밤 찡하니 닉은 동티미국을 좋아하고 얼얼한 댕추가루를 좋아하고 싱싱한 산꿩의 고기를 좋아하고/그리고 담배 내음새 탄수 내음새 또 수육을 삶는 육수국 내음새/자욱한 더북한 샷방 쩔쩔 끓는 아루굳을 좋아하는 이것은 무엇인가/이 조용한 마을과 이 마을의 으젓한 사람들과 살틀하니 친한 것은 친한 것은 무엇인가/이 그지없이 고담（枯淡）하고 소박한 것은 무엇인가.

國的日式蕎麥麵改良成韓式蕎麥麵的過程中，特別在醬汁上費工夫，刻意調淡偏鹹的日式醬汁，增強甜味，自創出韓式醬汁，原先搭配的食材也稍加調整，多了水煮蛋、海苔、小黃瓜與芝麻等物。

之所以會有上述變化，在於兩國人吃法有所差異。日本人吃蕎麥麵，大多將麵的尾端稍微沾一下醬汁後再食用，並大聲發出吸麵聲，而日式醬汁常有青蔥或山葵調味，等醬汁味道與分量被麵條吸收逐漸變清淡後，日本人才會將剩餘的蕎麥麵泡入醬汁內食用；相反地，韓國人則是一開始就將整坨蕎麥麵浸入醬汁，若醬汁過鹹，恐難以下嚥，故日式蕎麥麵的醬汁鹹甜比例來到了韓半島，也入境隨俗地依照當地的飲食習慣大加變化。[2]

文化是相互交流的，經過改良的韓式蕎麥麵並非依循日式吃法，但韓式吃法卻錯失了對蕎麥麵特殊風味的品嘗，即無法好好利用蕎麥麵醬汁。在日本，有些店家會等顧客享用完蕎麥麵後，奉上一壺白濁熱高湯——煮蕎麥麵用的水，即「蕎麥湯」（소바유，소바 삶은 물，そばゆ），供客人依照個人喜好，把它倒入剩下的醬汁內，形成別具風味的蕎麥湯。而在韓國便少見如此蕎麥湯喝法，這種吃法只保留在專賣平壤冷麵的店內。

拿一把大剪刀吃麵？

就製麵方式來說，韓式蕎麥麵和平壤冷麵相差不遠。首先，兩者麵糰內的蕎麥粉與麵粉的比重，多為三：七或四：六，然而這與蕎麥麵起源地的日本按八：二比例製作的「八割蕎麥麵」（하치와리소바，はちわりそば，又稱「二八蕎麥麵」（니하치소바，にはちそば）），仍有所落差，甚至與獲得《米其林指南》推薦而被認定是最具代表性的日本蕎麥麵餐廳——東京銀座「蕎麥流石」的純蕎麥麵，截然不同。蕎麥流石的「冷清湯蕎麥麵」是由師傅親手拍打削切麵糰而製成的「十割蕎麥麵」（쥬와리소바，じゅうわりそば）。每一碗蕎麥麵的麵條原料皆是百分之百的蕎麥粉，沒有為了增加麵條黏性，而摻入任何小麥粉或其他「雜質」添加物。雖然費時耗

2 當今韓國最有名蕎麥麵美食，大多集中於江原道，以春川市和平昌郡（평창군）等地為主。

工，卻總能讓客人感受到滿滿的蕎麥香與獨特口感。

此外，許多在韓國食用過蕎麥麵的饕客，還會眼尖地發現到日本的傳統蕎麥麵顏色，跟偏暗黑色的韓式蕎麥麵較為相近，而與偏灰白色的平壤冷麵差異較大。而之所以如此，主要恐怕是韓式蕎麥麵加入了一些蕎麥殼來「增色」，不似日本傳統蕎麥麵使用純蕎麥製作，而平壤冷麵則是因未加入蕎麥殼，故麵條偏灰白色。

麵糰內加入磨好的蕎麥殼有任何好處嗎？一般而言，除了增加廚師事前準備揉麵糰工作時微微「刺手」的不適外，食客在品嘗時也不會感受到特別美味，甚至還有可能產生些微「卡卡」感。易言之，一旦蕎麥殼沒有處理乾淨，可能會弄巧成拙，降低蕎麥麵的口感與美味。

既然如此，為何韓國蕎麥麵店家還要在麵中加入蕎麥殼呢？理由就在於要讓這碗蕎麥麵「看起來」更為健康。

根據為數不少的食品加工業者和餐廳業者表示，蕎麥冷麵內加入蕎麥殼，完全是為了滿足消費者。據黃教益觀察，之所以會造成此現況，是因為韓國人大多認為蕎麥麵條顏色越深，代表含蕎麥量越多，覺得更加天然健康；甚至他還曾聽說過有些店家用純蕎麥揉出白色的麵條，卻被客人抗議，「懷疑」店家偷工減料，不是使用純蕎麥製麵，讓人哭笑不得。

然而就商家角度而言，消費者此「偏見」反而成為獲利點，因為麵條內加入蕎麥殼，一來多少可增加麵條重量，二來製作成本也較為低廉，形成一場美麗的誤會。原本可說是雙方互贏，然而因消費者對蕎麥麵麵條顏色過於偏執，導致不少蕎麥麵製造廠商費工夫在「改良」麵條顏色，最終就出現不良業者偷工減料，添加的不僅不是純蕎麥殼，而是炒過的大麥或人工色素。類似這樣把韓式蕎麥麵「增色」，值得大眾注意。[3]

介紹完日、韓冷麵的麵條、醬汁與製作方式的差異後，私想大家對冷麵印象最深刻的還有「食用器具」之別吧。有時我們到韓國的冷麵餐廳，服務生隨餐會附上一把大剪刀，方便客人用來剪斷碗內麵條，這樣的大剪刀少見於蕎麥冷麵餐點中，而是使用在有著肉汁高湯的「咸興冷麵」（함

3 此採訪對談，請參閱：黃教益（二〇一八），頁九八。

흥냉면；咸興冷麵起源已久，直至一九五三年才有首爾店家採用此麵名）上，之所以要使用到這把大剪刀，也與麵條有關。

不論是平壤冷麵、蕎麥（冷）麵，抑或日式蕎麥麵，多以「蕎麥」為製作麵條的主要材料，然而最早的咸興冷麵為「鄉土飲食」（향토음식）[4]其中的一種，其麵條是以馬鈴薯澱粉製成，加入辣椒粉調味攪拌，而後舀入明太魚醬，或配上生魚片一起食用；而近年來，也出現以番薯澱粉製成麵條，且除了搭配明太魚醬外，還會加入涼拌斑鰩和涼拌明太魚乾一起吃。

正因為咸興冷麵的麵條是以馬鈴薯或番薯澱粉製成，麵條相當硬，十分富有「咬」勁，故店家為了方便客人食用，剪刀就派上了用場。此剪刀挺大一把，著實銳利，除了可以剪斷麵條，有時候連同一起上桌的泡菜、醃水蘿蔔等小菜，也可用這把大剪刀剪截。

如今時代變化，人們已不再講究遵循古法，只在冬天才品嘗「高雅平素」的冷麵，而是肚子一餓，隨時就走入專門販賣冷麵的餐廳（如首爾乙支路區冷麵街），點上一碗爽口的冷麵，大快朵頤。而且搭配的食材也越來越豐富，有各式各樣肉片、魚鮮醬料，可單點作為正餐吃；假若來到非專門販賣冷麵的餐廳（如烤肉店），冷麵也常作為一餐結束去油解膩的尾食。當然，烤肉店內所販賣的冷麵，不論價錢、口感，皆與專賣店有極大落差。

最後要補充的是，現今韓國當地種類眾多的冷麵，大多以有無湯汁來簡單區分，有湯的冷麵稱為「水冷麵」（以平壤冷麵為代表），而湯汁較少，外加搭配紅通通醬料，偏乾的冷麵稱為「拌冷麵」（以咸興冷麵為代表）。早先讓顧客使用剪刀剪斷麵條食用的多是後者，但今日來到首爾餐廳一看，水冷麵旁也有剪刀在一旁「伺候」著呢！

下次大家到韓國旅行，在動筷用剪刀吃冷麵時，記得觀察看看端上桌的這碗冷麵，究竟是屬於何種麵類哦！

4 此語出現在一九七〇年代。在都市化與工業化急速發展的年代，許多離鄉背井的人懷念家鄉味，鄉土飲食遂成為慰藉，並形塑自我與地域認同。鄉土飲食是利用特定地區所生產的食材，再加上該地區特有的料理方式製成的食物，如當地便以慶尚道、全羅道、忠清道等地作為大分類，或用晉州、全州、清州等市郡單位作為小分類，來區別首爾的都市化飲食。

冷麵之外——易讓人搞混的韓國拉麵

「假想盛著拉麵的湯碗是一部希臘戲劇的舞臺，充滿神聖光輝的景象正等待著你。你灑上胡椒粉，替開場奏響序曲，而後掰開免洗筷，想像麵條是撐起全場的男主角，麵湯則是女主角，先嘗一口湯，然後夾起一筷子麵條，咻！一口氣地把麵條吸進嘴裡。接著別猶豫，夾起一塊鳴門卷（魚卷）和竹筍片，扔進嘴裡，使勁咀嚼，再舉起湯匙撈口湯，別忘了吃片叉燒肉。夾一筷子麵條，一口接一口，吃得乾乾淨淨，直到碗裡沒有留下任何東西。最後，喝完最後一滴湯，你能清楚地看見碗底的花紋。」——林家木久藏，《原來如此，就是拉麵》（なるほどザ・ラーメン，一九八一）

韓語「拉麵」（라면）一詞，經常讓臺灣人搞混，因為這裡的「拉麵」，是指我們常吃的「（速食）泡麵」，可別誤會成湯頭濃郁、肉片鮮嫩的日本現煮拉麵。千萬別小看韓國對泡麵的愛，前文〈愛吃泡麵世界第一〉

就提過韓國人是全世界最愛吃泡麵的民族之一，一人一年平均至少吃上七十九碗，超過世界平均值五倍，稱大韓民國為「泡麵共和國」也不為過。

但這裡要談的「拉麵」，是臺灣人喜愛吃的日本拉麵，而日本拉麵在韓國又是何種光景呢？首先，日本拉麵在韓國有兩種稱法，一為採取音譯「라멘」（ラーメン），二是意譯「일본식 라면」（日本式拉麵）。

拉麵與許多食物一般，都會透過文化交流在當地形構出不同風貌。特別在一九九〇年代後，韓、日兩國漸漸放下殖民時期的過往仇恨，開放交流後，日本拉麵才引進到韓國，而拉麵可說即是後來泡麵的原型。不過當時的韓國人並非全盤接受此日式口味，甚至多有排斥，主因在於日本人習慣在拉麵內放入肉片，且以油膩濃厚的湯汁為底，其味道不受韓國消費者喜好，故在韓國經營「正統日本拉麵」的店家，並沒有受到太多饕客青睞，不少店家陸續歇業倒閉。即使到了二十一世紀，相較於其他傳入的日本食物，如壽司、牛丼飯等，韓國人依舊無法適應日式拉麵，直到後來韓國人乾脆改良推出符合當地口味的韓式拉麵。

有意思的是，拉麵在韓國被視為日本食物，但在日本卻被當成源自中國的食物，這也是為什麼在日本拉麵店外常掛著紅底「中華風」字樣的宣傳布條。

傳入韓國前的日本拉麵，當年又是何種風貌呢？

相較於其他日本料理，日本拉麵「既沒有皇室貴族血統，也非誕生於普通人家中，對於日本人而言，它是一種新奇的食物，沒有人可以確定如此鮮美可口的麵湯來自哪裡。」[5]記錄日本江戶（一六〇三－一八六八）末期至明治（一八六八－一九一二）早期社會風貌的小說家假名垣魯文（かながきろぶん，一八二九－一八九四）曾提到，在當時喜新厭舊、愛好新口味的食文化風氣下，拉麵是相當特立獨行的麵食。

然而近代日本拉麵的起源，據傳源於一九一一年札幌的「竹家食堂」（타케야 식당），此店家一開業便主打新奇、限量的中國料理，由於當初新成立的國立北海道大學迎來了許多學生，其中約有一百八十多位是中國交換生，遠在他鄉的遊子總會懷念家鄉味，故老闆大久昌治看準此商機，特聘了一位店內熟客，即曾在遠東蘇維埃工作過的中國工人王文采來擔任主

廚，好招呼中國學生生意。

升上主廚的王文采並沒讓老闆失望，陸續開發出許多葷菜麵食，尤以泡在雞湯內的「支那蕎麥麵」，最受顧客喜愛。此道麵食與日本人所熟悉的麵食大不相同，麵條不似蕎麥麵那麼容易斷，也不像烏龍麵那麼粗滑，尤具嚼勁。究其主因，原來是王文采在製作麵條時，特別加入鹼水，藉此助麵粉受熱分解後吸收大量水分，形成Q彈特性；繼之，王氏在湯麵內也加了不少好料，諸如雞湯、蔬菜與鹹骨等。這樣一碗拉麵很快就聲名遠播，馬上攻占消費者的胃與心，而他所開發出來的「支那蕎麥麵」，即是當代日式拉麵的雛形。

而「拉麵」之名，又是如何誕生的呢？儘管眾說紛紜，但可確定的是，二十世紀初，已經有很多人以「中式麵條」或「支那蕎麥麵」來稱呼這類麵食，當時推著小推車出來販售這種麵條的小攤販，都會邊吹著小喇

5 請參閱：顧若鵬（Barak Kushner）（二〇一九），頁二一三。

叭，邊大聲吆喝：「中式麵條，就在這！」而這些小攤販主大多為中國人，故而得名。

也有人認為，拉麵得名於竹家食堂老闆大久昌治的妻子。之所以會如此認為，在於大久昌治的妻子某日看著店鋪對面的柳樹時，突發奇想幫此湯麵取名為「柳麵」（ラーメン）——「柳」字取自中國漢字柳樹的柳，而「麵」字在日語中為麵食，可謂是中、日融合，一舉兩得的美食名。

然而有人卻反駁此說法，認為當時大久昌治的妻子可能是受到十九世紀末期眾多在橫濱街頭賣麵的攤販所影響，這些攤販通常被稱為「柳麵排檔」（雖然日文寫法不同，但發音一樣），這才誤打誤撞有了「拉麵」之名。

另一個廣為人知的拉麵名稱由來，依然與前述大廚王文采有關。據說每當他在竹家食堂做好這道湯麵時，都會興高采烈喊一聲：「好咧！」但因為日語不分 l 和 r 的發音，出身中國東北的他口音在日本人聽起來像是「好啦」，故人們陰錯陽差地把此湯麵稱之為「拉麵」，甚至當年札幌竹家食堂菜單也把王氏的拉麵寫成「ra-men」了。

而後，也許因拉麵口味獨特，拉麵店以驚人速度於全日本急速擴店，

導致不計其數的餐館爭先恐後搶奪拉麵元祖店之美名。如最著名的一例，即是一九一〇年代，在橫濱稅務局服務的公務人員尾崎貫一於退休後，在淺草區開了一間「來來軒」（意指賓客滿堂的餐館），店內也販賣中式麵條、餛飩與燒賣，菜單上許多菜色皆是改良自尾崎貫一在擔任稅務員時所親身品嘗過的中國菜，其中也有名叫「拉麵」（라미엔，lā-miàn）的麵食。而來來軒一直至一九四三年才結束營業，故就拉麵發展時間與脈絡來看，也被人視為拉麵元祖店之一。[6]

綜合以上所言，也難怪日本當地拉麵店外，多打著「中華風」的字樣來宣傳，相較之下，此「中華風」招牌在韓國少見，倒是以日文或「改良版口味」的宣傳語吸引消費者。

文化總在不同時代、地域有所流傳與改變，一碗美味的拉麵，讓臺、韓、日、中四地饕客的胃蠢蠢欲動了呢！

6 以上有關於日本拉麵歷史，請參閱：顧若鵬（二〇一九），頁二一三—二一五。

泡菜不僅僅是泡菜

愛恨交織的「泡菜主權」爭奪戰

一跟韓國人提到「國仇」，十之八九都會回答日本，即使來到二十一世紀，韓、日兩國交流頻繁，但基於過往日本殖民朝鮮半島悲痛歷史的傷痕與恥辱，韓國人仍是難以完全抹滅忘懷，不論慰安婦賠償道歉事件、獨島（或竹島）主權之爭，抑或是在貼近人們生活的韓國電影內，韓方往往極其汙衊妖魔化日本人形象，都可見到端倪。韓、日兩國最激昂發酵各自國族主義的時候，即在競技的運動場上，當韓國隊對上日本隊時，總是抱持「哪國都可以輸，就是不能輸給日本」的氣勢上場。

此外，兩國恩怨也爆發在國名之爭。當年日本殖民朝鮮半島，為了在國際場合中，讓日本英文名稱 Japan 的排序在韓國 Corea 前面，硬是將韓國的英文名稱改為「Korea」。直到二〇〇二年世界盃足球賽，韓國以「Corea」之名參賽，排名先於 Japan，這才一吐怨氣。[1]

除此之外，飲食上也可看到兩國劍拔弩張的情形，甚至故意以言語歧視對方。如過往的韓國人認為日本人竟然還保有下海抓魚，「生吃魚」（如生魚片）的陋習，笑稱其島民野蠻至極，不知用火。當代韓語也可見歧視

1 現今「Korea」是對外名稱（exonym），大多是外國人稱呼韓國而用，而此字是從「Cauli」演變而來，此語源自十三世紀義大利探險家馬可・波羅（Marco Polo，一二五四－一三二四）聽到其他外國人以此語稱呼統治朝鮮半島的高麗王朝（九三五－一三九二）而定名，而後「Cauli」轉變成「Corea」，最後才是我們熟知的「Korea」。迄今在歐洲許多國家，如義大利，仍會以 Corea 稱呼韓國。可參閱：麥可・布林（Michael Breen）（二〇一八），頁八四。

日本人的不雅用詞，除了有「쪽발이」（一隻腳的怪物）、「왜놈」（倭奴、倭寇）外，還有「원숭이」（猴子）與「섬숭이」（島猴）等直接套用「動物名」的貶義語。

在此先不論上述不雅的歧視言詞，而是聚焦兩國近年來於飲食文化最大的爭議，即是「泡菜主權」的歸屬。

一提到泡菜，想必許多臺灣人立刻就會聯想到韓國，甚至二〇一四年韓國所拍攝的灑狗血連續劇內，也曾大開泡菜玩笑——劇中母親教訓兒子時，竟然拿起泡菜大甩兒子巴掌。此外，韓國除了有國營「世界泡菜研究所」（세계김치연구소）外，也有座落各地的「泡菜博物館」[2]，廣為流傳的泡菜口味與製作方式就有幾百種。正因為韓國人嗜吃泡菜，飲食生活離不開它，於是從泡菜衍生出來的民族自信心也極為強烈。早在一九二八年，雜誌《別乾坤》（별건곤，一九二六—一九三四）五月號就曾針對在國外的朝鮮知識分子進行徵文，問及：「人到了國外，最時常想起的朝鮮（味）是什麼？」大多知識分子都異口同聲說是「（白菜）泡菜」（배추김치），乃至當月雜誌內，還有底下這段文字：「日本人吃過我們國家泡菜

後，好吃到甚至都不想回國了。就算是西方人也是這般，只要稍微淺嘗我國泡菜味道後，馬上為之瘋狂，連我吃西洋食物，都還未曾有過如此感受呢。換句話說，我們國家的泡菜，不論是跟世界哪國的食物相比，都絲毫不遜色，而且如果要我回答美食泡菜的世界排名，我一定會說是『世界第一』。」透過這些文字，我們清楚可見韓國人從泡菜發酵而成的民族自信心，且還不忘記比下日本。

但這樣日漸盛大的泡菜民族自信心，多少也惹來他人側目與不滿，如出生在中國的第三代朝鮮人金文學（김문학）曾言及日、韓兩國氣味，「日本到處充滿著清爽的茶香，那清爽的氣味中多少帶點海腥味或魚腥味；韓國是一種大蒜加辣椒的臭味，再準確點說，是大蒜和辣白菜的異常臭味。」

倘若追究韓國人近年來自傲的泡菜民族主義為何誕生，可指向一九八〇年代，當時韓國經濟高速成長，經歷了「漢江奇蹟」、民主化運動時

2 位於首爾三成洞（삼성동）的「泡菜博物館」（뮤지엄김치간），還被美國CNN評選為世界十一大飲食博物館。

期，民生問題也日漸紓解，此時國內外旅行自由化，赴韓國旅遊的外國人逐漸增多，讓國內居民大開眼界；加上一九八八年夏季於漢城成功舉辦第二十四屆奧運，讓韓民族產生成為世界核心文化的強烈自信。當時與泡菜相關的廣告紛紛出籠，如泡菜冰箱廣告、外國人津津有味吃著泡菜等畫面，皆在電視上強力放送；奧運選手菜單上當然更不能少了泡菜。可以說韓方推廣泡菜文化時，無形中也增強了自身文化自信心。

等來到一九九四年，韓國還出現了「泡菜宗主國宣言」，宣言寫著：「泡菜是我們（韓國）的文化，我們的靈魂。」宣稱泡菜是韓國正統食物，而針對的對象正是日本，因為當時日本正流行泡菜飲食。但日本也並非一路挨打，一九九六年，日本向亞特蘭大奧運會遞交一份申請，要求把日本泡菜訂為官方食品，聽聞此消息的韓國深感不滿，輿論上大批日方外，也向世界衛生組織的國際食品法典委員會遞交申請書，要求制訂泡菜標準。二〇〇一年七月，韓國終於獲得一份詳盡的泡菜國際標準，正式將韓國泡菜列入國際食品規格。這件事情想當然耳，讓韓國人歡欣鼓舞，甚至被當作「김치戰勝キムチ」（〔韓國〕泡菜戰勝〔日本〕泡菜）成果宣傳。在此

之後，韓國更是在二〇一三年，順利向聯合國教科文組織申請把泡菜與越冬泡菜[3]列為世界非物質文化遺產，終讓這場韓、日泡菜宗主國之爭告一段落，塵埃落定。

然而平心而論，兩國泡菜的製作方式、口味多有迥異，不論是韓、日泡菜爭論、「김치戰勝キムチ」等成果宣傳，或多或少夾雜兩國多年來的歷史情仇，與各自民族自信心的競爭。

透過當年這場泡菜所引發的「主權」運動、外交角力戰，再反過來看看現今（二〇二〇年代）日益激烈的韓、日貿易戰，顯見兩國間長久以來的愛恨情仇從未消逝過呢！

3 越冬泡菜（김장），指韓國人為了度過漫長且寒冷的冬天，一次大量醃製泡菜並互相分享的文化習俗。

又見韓國改名風，「泡菜」改名為「辛奇」

二〇二一年，韓國把象徵國家食文化之一的泡菜（김치，kimchi），正式定名為漢字的「辛奇」（신치），好取代漢語發音的「泡菜」（파오자이，paojai），進而與中國四川泡菜區別，而相關的譯名更改，也已經在許多韓國官方網頁（如韓國觀光公社等）著手修改。

近十幾年來，韓國最重大的改名例子，首推二〇〇五年一月，把原稱為「漢城」（한성）的韓國首都，一舉更名為「首爾」（서울，Seoul）。此舉在當時引起許多爭論，特別是華文世界的人多抱持嘲諷口吻，笑道「韓國（或朝鮮）就是小中華」、「改什麼名？再改還不是就漢城」，但就我看來，韓國每次改名，背後都蘊含著民族自主與自尊，而要發揚此國家自主性，所必備的條件乃是國力日漸興盛，不然執政者連老百姓的肚子都顧不好，怎麼還有閒工夫大張旗鼓去做這些更名國政呢？話說回來，當年漢城改名成首爾，也改得極好，儘管是直接翻譯英文「Seoul」而來，但採用的漢字

為「首爾」，大有「第一名」、「執牛耳」的意涵。而漢城改名首爾的風波，距今二十年，世界各國早已漸漸接受此新名，臺灣年輕人也多稱「首爾」，少見有人再稱呼「漢城」了。

然而韓國官方將「泡菜」更名為「辛奇」，實在不妥當。在本世紀初，韓國與日本才曾針對「泡菜宗主國」主權，進行長達十年論戰，如前文提到韓國發表「泡菜宗主國宣言」，大倡「泡菜是我們的文化，我們的靈魂」；二〇〇一年七月，韓國終把自國泡菜列入到國際食品規格，還興起「김치戰勝キムチ」風潮。

平心而論，韓、日兩國泡菜的製作方式、口味、樣貌等皆不同，這就好比偏甜的臺式泡菜與偏辣的韓式泡菜很難等同視之。韓國為何要在國際間爭「泡菜宗主國」呢？其背後爭的就是國力的展現、國際的知名度，要讓世界看到該國食文化軟實力。

可是此次韓國政府把泡菜改成辛奇，試圖從「語言文字」層面上，槓上中國四川泡菜，就我看來，「辛奇」實大失韓式泡菜味。前面提過〈韓國料理的命名原則〉，就命名規律來看，「辛奇」除了第一個字「辛」，像韓式泡麵「辛拉麵」一樣，給人「辛辣」感受，之後接「奇」字，實在不易使人聯想到「辛奇」是何種料理。易言之，此次泡菜漢字更名，主要是參考國際間的泡菜發音，卻大失韓式泡菜之風格。

中國網友看到韓國泡菜一夕變辛奇，也大開嘲諷與歧視模式。如同我所言，「改名」需要國家實力支持，面對中國網友的嘲諷，韓國當地也興起一陣正反意見討論。持反面態度的人，有的從政治角度言之，認為當時執政者無能，專幹一些小事，不搞好國內經濟，卻小鼻子小眼睛地去更改菜名；也有人認為，若要發揚國家主體性，應該直接以韓文標示。但持正面態度的人，則支持為了促進韓國泡菜的國際能見度，適當採取漢字標示有其必要性，如同韓式燒酒「처음처럼」中譯為「初飲初樂」，便吸引不少國外消費者購買。

韓國政府分析了四千個漢語詞彙，比對八種中國方言的讀音，同時徵求駐中國使館專家意見後，才定下「辛奇」此譯名，並且頂著熱議，通過泡菜改名為辛奇之決策，雖說依先前漢城改名為首爾之前例，人們再過十幾年，終究會廣為接受「辛奇」一名，但我卻認為改名後失去的是馬上讓人可以聯想到的韓味啊！

你的醋飯，我的紫菜包飯

「歷史」並非僅存在教科書本內，也顯現在古蹟建築物、人文鄉土風俗或口述故事內，當然，食物也是。發展於日本江戶時代，已成為現今東京人日常飲食的「江戶四大食」（壽司、鰻魚飯、天婦羅和蕎麥麵）中的「壽司」於日本殖民時傳入朝鮮半島，但那時的朝鮮人可不領情，甚至為了與本地類似食物區分開來，還將壽司戲稱為「醋飯」（초밥）。因為在朝鮮人眼中，壽司做法極為簡單並無可觀之處，僅是在飯內加入糖醋液後攪拌，

再將生魚片放上去，就形成了一貫醋飯。[1] 此情形得來到一九八〇年代才慢慢改觀，曾經的「醋飯」變成現今韓國年輕人口中的「壽司」（스시）。

反過來看，類似日本壽司的韓國食物，即「紫菜包飯」。我記得數十年前，此食物剛引入臺灣便利商店時，包裝宣傳還寫上「高麗棒子」，多少有點戲謔意涵，當時很多臺灣民眾即視之為「韓式壽司」。

說來也有趣，現今韓國人的庶民小吃紫菜包飯，其實是源自於日本海苔壽司，特別是「壽司捲」（김초밥）。壽司捲的製作方式是在醋飯內加入簡單食材（多為鮪魚或一片漬物），然後用海苔（김）包覆捲起來。其做法跟吃法，與紫菜包飯相去不遠，但說到底，兩者共通的食材就是「紫菜」（海苔的原料）。

朝鮮半島人民食用海苔的歷史已久，最早記載韓民族食用海苔的文獻為《慶尚道地理志》（경상도지리지，一四二五），其中提到半島東南部慶

1　貫，計算壽司的單位。

尚道一帶的居民已經開始食用此種天然食物了；而另外一部古書——《東國輿地勝覽》（동국여지승람，一四八六），則言及當時海苔被列為全羅南道光陽郡太仁島（태인도）的名產。

然而海苔成為韓國人日常食物的契機，是在日本占領期間，當時日方為了壓榨殖民地經濟效益，在半島南部海岸大舉興建紫菜養殖場，再經在地加工後，把這些方形乾燥紫菜運回日本，朝鮮人民才因此發展出像日本人一樣用海苔包飯的吃法。後來韓國政府從二〇一一年起，指定農曆正月十五日元宵節為「海苔節」，當日會舉辦大大小小與海苔相關的慶祝活動。

紫菜包飯雖是源自日本，但調理飯的方式，卻異於日本的海苔壽司，其中最大關鍵點，即日本用的是醋飯，韓國用的則是拌過芝麻油的白飯。此外，海苔壽司只會加入鮪魚或一片漬物作為配料，味道相對單純，但紫菜包飯內容物較為多樣，會加入菠菜、魚板、雞蛋、醃白蘿蔔、紅蘿蔔與肉類等食材，味道較為複雜。當然，現今二十一世紀的紫菜包飯其內含食材，日漸豐富，可依客人喜好，分別再加入鮪魚、牛肉、小塊炸豬排，抑或小魚乾等，足見同是用海苔／紫菜將飯捲成圓柱形食物，兩國間亦呈現不同的風貌。

但持平而論，當時朝鮮人民戲稱日本壽司為「醋飯」，主要還是民族心作祟，其實要做好醋飯並不簡單。如同前面提到放在原型醋飯上方的生魚片，若再加上鹽和穀物，使其發酵，就變成熟壽司；而從熟壽司更進一步發展，將發酵過後的魚肉壓緊在飯上，則形成押壽司，而押壽司即今日我們吃到的日本壽司雛形。

若再細分當初朝鮮人民口中的日本「醋飯」之演變，除了人們熟知的熟壽司、押壽司、卷壽司、握壽司、豆皮壽司與散壽司等各大類外，卷壽司又可依「捲法」，分為太卷、細卷、手卷、裏卷以及軍艦卷等；散壽司依「地域」之別，又可分為關東的江戶前散壽司（配料撒在醋飯上）與關西五目散壽司（配料拌進醋飯裡）等；壽司使用的「食材」不同就會成為不同的壽司，諸如鮪魚壽司、鯛魚壽司、竹筴魚壽司、鯖魚壽司、生蝦壽司、海膽壽司、章魚壽司、海蟹壽司、魚子壽司等口味眾多。就此看來，當時戲稱日本「醋飯」的人們，恐怕並沒有想過這一點吧？

壽司所需要的製作時間、外在條件較為複雜，比如首先得挑選、宰殺好做壽司的鮮魚，不能讓客人吃到魚鱗、魚刺，甚至為了打造特殊口味的壽司，就連含有劇毒的魚類也會作為食材，如「河豚」料理——眾所皆知，河豚身上的一部分含有劇毒，為氰化物毒性一千倍以上，光是一隻河豚的毒量就可毒死三十個成人，故日本的河豚料理廚師得要有專門的「操刀證照」。有意思的是，不論日本人或國外觀光客，皆趨之若鶩地想一嘗河豚的人間美味，絲毫無懼可讓人剎那前往地獄的劇毒。

此外，製作壽司的廚師「性別」也有限制，日本人認為適合做壽司的廚師應是男性，因為男性的手溫比女性更適合捏飯與切魚；對壽司的分量也錙銖必較，捏好的壽司大小，得依據客人嘴巴的大小，剛好一口一塊，若是壽司做得太大，導致吃的時候飯粒或食材掉滿桌，就是一貫不合格的壽司；甚至做出來的壽司還有最佳的賞味時間與季節等。足見日本人的壽司文化，非如同「醋飯」原初字義所表現般，只是簡單把一片生魚片放到米飯上面即可。

反觀紫菜包飯的食材，多半是在墊了一層紫菜的白米飯內，加入醃白蘿蔔、魚板、煎蛋或薄荷葉等醃製物，之後由廚師（不介意性別）用圓滾木棒把這幾道食材扎實地壓滾成一串，再用利刃切成一片一片，包上保溫鋁箔紙。就其飯量而言比起壽司多上許多，甚至一條紫菜包飯的米飯量，可能還超過正餐的一碗白飯；保存時間也遠比壽司還長久——此點讓人聯想到，紫菜包飯亦是朝鮮半島許多戰亂時的應急食物。

但話說回來，韓國紫菜包飯與日本的「醋飯」二者之後的演變，最大差異點就是食物的「日常化」，是否深入到庶民日常飲食中。韓國當地專賣紫菜包飯的店家很多，人們在路邊攤也可輕易買到；然而日本就少見專門販售海苔壽司的路邊攤，人們只有來到專門的壽司店，才有可能買得到壽司。就此精緻化之演變，今日恐不能再似當年以「醋飯」一語戲稱壽司了，而從現今許多韓國年輕人對其都改口以日語發音的「壽司」來看，想必他們已經感受到父祖輩口中「醋飯」的精緻與美味，故藉用語的轉變，抹消當初的歧視意涵吧！

臺日韓「黑輪」大車拼

不知道讀者朋友能否分辨出「甜不辣」與「黑輪」的不同呢？有人說這是南北地區對此食物的稱呼不同，臺灣北部多稱「甜不辣」，而中南部則多稱「黑輪」；又有人說差別在食物形狀，用竹籤串起的長條是「黑輪」，而圓片或能讓人一小塊入口的短條則稱為「甜不辣（片）」；還有人說是以切片與厚度來區分，黑輪（片）顏色較深、較薄，而甜不辣（片）顏色較淡、較厚。但不論採何種區分方式，二者皆是以魚漿做成的食物，有碳烤、油炸或湯類切片等多種料理方式，推根究源，二者皆源於日本的「天婦羅」（天ぷら）。

天婦羅的出現，與十六世紀抵日的葡萄牙人有關。當年葡萄牙商船與日貿易，異國風味的食物也順勢引入，天婦羅便是其中一樣。長年待在船上的葡萄牙水手做起天婦羅，最常用到的肉類就是魚類，料理方式極為簡單，即把鮮魚直接丟入油鍋油炸，炸得酥脆後起鍋食用，這道炸魚料理被葡人稱之「tempero」，意指「（快一點的）烹調」，該詞也就成為日語「天婦羅」語源。[1]

日本人對葡萄牙人炸魚方式大感神奇，便依樣畫葫蘆，學起葡萄牙人油炸魚肉或蔬菜[2]，有別以往水煮烹調方法，這道炸魚料理順理成章稱為

1 另一種說法言「tempora」來自拉丁語，意指「時間」，而這裡的「時間」在西班牙與葡萄牙人口中，專指不能食獸肉，只能吃蔬菜或魚肉的基督教「齋戒期」（指復活節六個半禮拜以前）。

2 傳統日本炸物鮮少以豬肉、牛肉等畜肉為食材，大多以蔬菜與魚、蝦、貝類等海鮮為主，之所以如此，跟日本天皇「禁肉令」（「莫食牛、馬、犬、猿（猴）、雞之肉」之令，六七五年頒布，一直到一八七二年明治維新時才解除）有極大關連。日後，葡人引進炸魚天婦羅，又因明治

「天婦羅」。

葡萄牙水手丟入鍋內油炸的鮮魚大多不裹粉不上漿，但此種油炸料理傳入日本後，形成多樣料理方式，其中與臺灣甜不辣最接近的料理原型，即是出現在日本薩摩地區，將魚肉磨成魚漿後再油炸出圓形飽滿狀的「薩摩炸魚餅」（薩摩揚げ）。

近十幾年來，臺灣以黑輪來泛指「關東煮」（おでん），但其實這是一場美麗的誤會，因為我們口中常說的「黑輪」，是臺語轉自日語「關東煮」的音譯，而日本關東煮本是一道以昆布或鰹魚為湯底的湯鍋料理，鍋內食材不僅有用竹籤串起的長條狀魚漿黑輪，還有水煮雞蛋、蘿蔔、蒟蒻、竹輪等豐盛菜色，不似臺灣黑輪單指甜不辣。

現今於臺灣的便利商店往往可見到在熬煮高湯的方形電熱鍋內，以鐵板區分六或八格，裡面煮著魚丸、杏鮑菇、玉米、豆腐、米血糕等食物，也會加入不少在地蔬菜食材，甚至科學麵，所搭配的用料與調味，皆迥異日本關東煮風貌。

但嚴格來說，日本傳統的關東煮起源更早，遠早於十六世紀葡人傳入的天婦羅，抑或臺灣甜不辣原型的薩摩炸魚餅。據傳，關東煮在鐮倉時代（一一九二—一三三三）就已經出現了，為熊本南阿蘇村流傳下來的「鄉土飲食」，當代日本作家新井一二三考察認為關東煮來自於「田樂」（でんがく）。所謂田樂即祈禱五穀豐收、子孫繁盛的民間活動，其歌舞節目相當豐富多彩，有「穿著華麗戲裝吹笛子、打腰鼓、耍簓、踩高蹺等等。關東煮（日文漢字是「御田」）其名就取自田樂，因為把豆腐、蒟蒻等材料串在竹籤上的樣子，看起來很像田樂裡的踩高蹺」。[3]

與此相似的食材也出現在韓國當地，現今韓語「黑輪」（오뎅，o-daeng）的發音，就近似上述臺語轉自日語「關東煮」的唸法。然而韓國人停駐在街頭巷尾的路邊攤，吃著串物，配上高湯，則是以同源自日本鐮

天皇解除「禁肉令」等有利歷史因素下，近代重口腹之欲的大阪人遂開發出以豬肉或牛肉為食材，用竹籤串起的「炸串」。

3 請參閱：新井一二三（二〇一四），頁一一八—一一九。再引用。但內文有錯誤，如原文「黑輪」漢字寫成「阿田」，但應為「御田」，我在此自行更正。

倉時代中期而經改良過口味的韓式「魚板」（어묵）居多。[4]

就我看來，韓國當地的關東煮，應稱為「黑輪湯」（오뎅탕）。顧名思義，黑輪湯是將各種被竹籤串起的魚板、油豆腐、白蘿蔔、蒟蒻等食材放入清湯裡煮熟，而魚板（韓國人口中的「黑輪」）則是其中一種串煮。因此韓國人若想吃上一鍋豐富而道地的關東煮，得來到專門販售日式關東煮的店家。

據黃教益考察，關東煮流傳到朝鮮半島的契機，是日本強占半島時期引進了站立式飲酒吧檯，客人來到這種酒吧，除了能吃上多樣煮物的日式關東煮外，也能喝上高貴的日式清酒——此異國風味的店家與吃法，現今仍保留在韓國當地。

後來，韓戰開打，關東煮店急速消失；韓戰結束後，關東煮店的串煮下酒菜被移往街頭巷尾的小攤上，從下酒菜變身為果腹點心，湯頭也由原本的柴魚昆布湯換成合乎韓國人口味的鯷魚乾湯或辣味鮮蟹湯，其中早先常出現在關東煮鍋內的食材，諸如油豆腐、白蘿蔔、蒟蒻則消失不見，只剩下一「支」獨秀的魚板了。

但不論是關東煮、黑輪、甜不辣或魚板，日、臺、韓所各自開發演變出來的料理方式、吃法與迴異的外形及稱呼，都已成為當地最具代表的庶民小吃了。[5]

4 眼尖的朋友會發現，這種在韓國街道上常見的、一千韓元即可吃到的庶民小吃「魚板」，口感雖類似臺灣黑輪（或甜不辣），但其形狀不似臺灣的長條狀，而是長片狀，並以竹籤串起後放入（辣味）鮮蟹湯內熬煮。

5 關於關東煮與魚板詳細的歷史淵源，請參閱：黃教益（二〇一八），頁一七二—一七三。然而我與黃教益對於韓式關東煮名稱的看法不同，他認為韓式關東煮正確的名稱應是「꼬치」（串煮），或「꼬치안주」（串煮下酒菜），而我主張應該翻譯成「오뎅탕」（黑輪湯），理由是現今大多以單食材稱呼關東煮（臺灣以「黑輪」泛稱關東煮、韓國以「어묵」或「오뎅」泛稱關東煮），且料理方式以湯煮為主（近代關東煮食材多為湯類煮物，其中的黑輪、甜不辣或魚板仍經油炸而成，而其他食材，如雞肉串、蔬菜串等，不一定要經過油炸，即可直接下鍋），故我認為關東煮的韓詞應譯為「黑輪湯」，比較貼近現今菜色樣貌。再者，若於韓國網路平臺，分別輸入韓文「오뎅탕」，與黃教益主張的「꼬치」、「꼬치안주」等關鍵字所查詢得到的圖片，就會發現「오뎅탕」比較貼近日式關東煮樣貌。

臺日韓「招財動物」比一比

臺、日、韓之招財動物大不同。

大家外食時會注意餐廳店家結帳櫃檯上的「招財動物」是什麼嗎？想必大多數臺灣讀者都曾看過綁著小鈴鐺，肚子圓滾滾，胸口寫上「招財」、「開運」或「富貴」等吉祥話的可愛招財貓吧。招財貓來自日本，在當地還分為公母「福貓」——舉右爪為公貓，象徵招財進寶的「進財」，多擺放在彩票行櫃檯上；而舉左爪為母貓，象徵廣納賓客的「招客」，往往坐鎮在飯店、居酒屋等處；當然有些比較「貪心」的店家，會在入口處放上舉左爪的母貓，而店內收銀檯後方還擺上舉右爪的公貓，左右逢源。

招財貓貓身的顏色也大有玄機，一般貓身多為紅白色組合，倘若貓身為藍色，則是祈求小孩學習進步與交通安全；若是粉紅色，則是祈佑戀情順利。有趣的是，招財貓少見同時舉起兩隻前爪，一說此舉讓人感到過於貪心，故這個造型不太受到歡迎。中國作家馬挺於《馬話日本》內曾提到，日本招財貓傳到美國後，其爪子「入境隨俗」反了過來，變成爪尖向內、掌心向上，這是因為東西方文化不同，對日本人而言，掌心向下，擺動手指，乃「招客」、「叫人家過來（入店消費）」之意，但對美國人而言，此手勢倒有「離我遠一點」之意。

而臺灣的招財動物，除了外來的招財貓，常見的還有（招財）蟾蜍。招財蟾蜍以低調的暗金黃色蛙體為大宗，造型多為瞬大眼睛望向上方，嘴巴裡咬著一枚錢幣，腳底踩著寫上「招財進寶」、「財源廣進」等吉祥話的元寶。蟾蜍為何招財？又為何只有三腳呢？典故眾說紛紜。就我所查閱到的資料，較為可信的蟾蜍招財典故，乃源自五代時（九〇七—九六〇）道教傳說人物「劉海」戲金蟾的故事——劉海為了救出死後被神仙處罰而化作三足金蟾的父親，想出一個妙方，他看準三足金蟾一見到錢便貪咬不放的特性，用錢幣串成釣繩，從東海釣出父親。因此現今看到的招財蟾蜍，多為三足，並口咬金幣。

從劉海戲金蟾的故事，還演變成劉喆、劉玄英等眾多民間故事版本，而這些故事的共通元素，皆與忠厚老實的孝子、蟾蜍、功名、元寶錢財有關。臺灣在二〇〇四年大學學測，還以〈劉海戲金蟾圖〉為題，要考生看圖說故事呢！

除了有上述傳說外，其實從自然界一般蟾蜍的外貌與能力，也足見其招財本領。蟾蜍看似其貌不揚、醜陋無比，卻蘊含真功夫、硬實力，產卵數量動輒數百、數千到數萬，十分可觀，所產下的卵就像圓滾滾的財寶一樣，源源不斷。更別提罕見的三足蟾蜍，想必牠一定有高深神力，招財功力更上一層。

除了蟾蜍外，神獸貔貅也廣被國人認為是招財動物，但相較起三足蟾蜍或招財貓，餐廳等營業場所很少見到貔貅。

韓國的招財動物又是什麼呢？就我觀察，韓國少見像臺、日兩地如此直接把招財動物擺在餐廳櫃檯上，但其實韓國仍有招財動物，便是再平凡不過的豬。

胖嘟嘟的豬，給人的印象就是過著吃飽睡、睡飽吃的生活，這樣的生活豈不是做老闆的人最期待的嗎？老闆們多想像豬那般無憂無慮地經營店內生意，「睏飽數錢」就好，故在店家看板上常可見到一隻隻肥美開心的豬圖樣，招客入門外，也大有祈求財運之意。

此外，就生活層面而言，豬在韓國人心中並不全然是骯髒、懶惰的形象。有些正處發育期的小女孩，若是吃得比較多，身材比較圓滾些，家中大人也會以「花豬」（꽃돼지）來形容她，但這是正面的意思，和臺灣人說「肥豬」、「胖豬」時的貶意不同。另一方面，豬的韓文為「돼지」，但因發音與字形接近「되지」（意謂事情辦成功、順利），於是韓國人會於豬年推出許多黃金豬（황금돼지）文創商品，也發揮諧音的趣味，創造出「만나게 돼지」（我們終會見面吧）、「황금돼지 찾으면 되지」（想要黃金豬，找一下就可以了喔）等文句；而新年存錢筒商品，更大多皆以豬為造型。

除了豬之外，韓國有些店家也會擺上金魚（금붕어）、大象（코끼리），抑或貓頭鷹（부엉이）等動物造型用以象徵招財，但「豬」的數量肯定更勝一籌。

最後，不得不提到我的韓國學生泰廷，她曾與我談論韓國招財動物的情況，言及當地基督教信徒為數不少，而信徒家內往往喜歡掛上「五餅二魚」的裝飾物。五餅二魚跟神蹟有關，「有一個門徒，就是西門彼得的兄弟安得烈，對耶穌說：『在這裡有一個孩童，帶著五個大麥餅、兩條魚，只是分給這許多人還算什麼呢？』耶穌說：『你們叫眾人坐下。』原來那地方的草多，眾人就坐下，數目約有五千。耶穌拿起餅來，祝謝了，就分給那坐著的人；分魚也是這樣，都隨著他們所要的。他們吃飽了，耶穌對門徒說：『把剩下的零碎收拾起來，免得有糟蹋的。』他們便將那五個大麥餅的零碎，就是眾人吃了剩下的，收拾起來，裝滿了十二個籃子。」（〈約翰福音〉六：八—十三）耶穌以少量的五個餅、兩條魚，使眾人（五千人）得飽，從宗教角度來看，掛上五餅二魚不必然是為了招財，多有保佑平安、和平之意。

大家下次有機會出國，在異地大快朵頤、酒足飯飽後，可看看店家擺的是哪一種招財動物；在街頭遊逛時，也不妨觀察一下當地人喜愛以何種動物吸引客人，相信會有很多意外的驚喜呢！

臺灣茶葉蛋「等於」韓國炸醬麵？

一九三〇年代，全球經濟大蕭條，衝擊到各行各業，連同化妝品銷售也不例外，當時愛美的女性對於入手昂貴的化妝品會考量許久，但售價相對便宜的口紅，卻一枝獨秀，創下銷售佳績，出現了稱為「口紅效應」（lipstick effect）的現象。此效應是由雅詩蘭黛集團（Estée Lauder Companies Inc.）前任董事長李奧納多・蘭黛（Leonard Lauder，一九三三—）所提出，意指人們在經濟不景氣時，因自身收入減少，會降低消費奢侈品的需求，改以購買較便宜的類似產品取代，透露了人們因「手頭緊」而轉變消費習慣。換句話說，這也算是一種生活的小確幸吧。儘管有些學者質疑「口紅效應」的精準性與準確率，但當年熱銷的口紅，倒不失為詮釋經濟蕭條年代的最佳指標。

然而來到二十一世紀，如果這樣的口紅也漲價了，又該以何種事物作為社會大眾衡量物價是否上漲的指標呢？

我們常說「民以食為天」，小老百姓工作的最基本要求，即填飽肚子。同樣地，若以現今臺灣為觀察對象，就我看來，一般受薪階層衡量景氣好壞、物價是否上漲，最為貼近的指標物應該就是茶葉蛋了吧！

便利商店電鍋內煮的清香茶葉蛋，是許多學生、上班族用來果腹解饞的好幫手。臺灣人愛吃茶葉蛋，光是單一品牌連鎖便利商店一年就可賣出一億顆茶葉蛋，足見其受歡迎之程度。

然而茶葉蛋價格卻是一漲不回，距今久遠的一九八〇年代，茶葉蛋約一顆五元，但現今許多人最有感的是，二〇一六年便利商店的茶葉蛋售價已調漲至十元；到了二〇二三年，又再度調漲，從十元調漲至十三元。

對此漲幅，支持、反對的意見都有——有人認為調漲有理，因為一顆小小茶葉蛋售價其中包含雞蛋價格、店家電費、人事等經營費用，以及使用改良食材等潛在成本，故同意漲價勢在必行。但也有人認為，大家每日幾乎必去的便利商店，若調漲茶葉蛋價格，必然會衍生一波「全漲潮」，連帶影響早餐店蛋餅、炒飯等蛋類製品價格，還有盒裝蛋售價。

於是這樣一顆小小茶葉蛋價格的調漲，就成為臺灣政府有關單位、資方與勞方爭論薪資調漲的象徵，臺灣勞工陣線曾拋出了「調漲薪資的幅度，每天只夠買一顆茶葉蛋」的戲語，強調廣大民眾面對物價通膨大感吃不消的無奈。

若與臺灣茶葉蛋相比，可以成為韓國老百姓衡量物價漲跌指標的，應該就是庶民美食炸醬麵了。

一提到韓國的庶民美食，紫菜包飯、冷麵或炸醬麵，皆是榜上有名，尤以炸醬麵最受歡迎。上班族沒時間外出用餐，會叫炸醬麵外送來吃；臺灣觀光客到了韓國，也都想一嘗異於臺灣口味的黑色炸醬麵。然而上述這幾樣庶民美食皆於二〇二二年年底傳出「全漲潮」，分別（相較二〇二一年）飆漲十一．九％、七．八％與十三．八％，其中以炸醬麵漲幅最高，讓民眾大喊吃不消。

根據韓國物價指數，一九八八年的炸醬麵一碗約七百五十九韓元（約新臺幣十九元），二〇〇〇年約為二千韓元（約新臺幣五十元），而到了二〇〇八年已經突破四千韓元，依此上漲趨勢讓為數不少的韓國人猜想，會不會來到二〇二八年炸醬麵又漲一倍，成為八千韓元的「庶民食物」呢？就我看來，恐怕此「預言」將會成真，因為在二〇二三年，當地炸醬麵已多突破六千五百韓元（約新臺幣一百六十三元）大關。

引用炸醬麵價格作為韓國老百姓的「有感」參照，且衡量自己國家物價是否上漲的觀察，由來已久，早在一九九五年，韓媒就曾因炸醬麵的價格飆漲，呼籲政府得注意日漸通膨的現況，指出炸醬麵價格從一九八五年一碗六百一十六韓元（約新臺幣十五元），等來到一九九五年，已經漲到一千八百三十七韓元（約新臺幣四十六元），十年內漲了超過三倍。《二〇一一年首爾統計年報》（2011 서울통계연보）也曾調查首爾市內炸醬麵的消費者物價指數，發現其指數由原先一九七五年的四．八五％，到二〇

一一年為止，已經高漲到一百一十九．二%，三十五年間漲了超過二十四倍。於是韓國勞資雙方在爭論薪水調漲議題時，勞方也喊出類似臺灣的口號，譏諷最低工資漲幅，恐怕「連炸一碗炸醬麵都買不起」。

不論是臺灣的手搖飲料、韓國的咖啡，抑或是大眾運輸的票價，甚至是現炸雞排的價格，這些平淡、平凡、平常而隨手可得之物，都是真實存在於我們平日食衣住行之內，比起官方公布的眾多複雜「數字」堆砌，它們的價格變動更有感且真實多了。

第三部分

猶有餘味

每個月都過情人節

早上七、八點，韓國慎學長打了電話給我，問我今天有沒有穿黃色衣服出門吃咖哩飯。我正狐疑學長怎麼心血來潮關心起我的生活，瞧了瞧桌曆，才注意到今天是五月十四日，韓國的「黃色情人節／玫瑰情人節」（옐로 데이／로즈 데이）。

對於大多數臺灣人而言，五月第二個星期天是母親節，但對韓國人而言，五月十四日則是屬於一年十三個情人節的其中一天。

「黃色情人節」時，立志該年擺脫單身者在當天得穿黃衣，吃上一盤「黃色」咖哩飯，好自我勉勵，期許早日脫單；若是已有情人者，當天得送上一束玫瑰給身邊的他（她），過上「玫瑰情人節」。

讓臺灣人驚訝的是，韓國人可是每個月都在過情人節。一般人印象最深刻的韓國情人節，當屬四月的「黑色情人節」（블랙 데이）——尚未脫單的男女於四月十四日當天，應穿上一身黑，來到中華料理餐館，吃上一碗「黑色」醬料的炸醬麵，全身上下連同嘴巴一口「黑」，跟天下人宣告自己單身，心情鬱卒地度過「黑色情人節」這一天。

臺灣是二月十四日與三月十四日過「情人節」（밸런타인 데이），韓國則是二月十四日由女生送巧克力給心儀男生「示意」後，滿懷期待這位男生會在下個月的三月十四日「白色情人節」（화이트 데이），回送她糖果，表明心意。

除了以上提到的四個情人節外，韓國還有什麼奇特的情人節呢？

一月十四日是「日記節」（다이어리 데이），男女朋友間流行買行事曆或日記本互贈，祝福對方開始新的一年，所送的行事曆本子內還要「心

機」地寫上自己的生日與交往紀念日，提醒對方可別忘記這些「重要節日」，同時藉此行事曆象徵戀情能一天接著一天，順順利利走下去。

經過上述五個情人節後，來到天氣較為涼爽的六月十四日，名為「親吻情人節」（키스 데이），男女朋友當天會以深吻互表愛意，也是繼上個月送過玫瑰花的「玫瑰情人節」後，雙方更深入交往進展的表現。

七月十四日則為「銀戒情人節」（실버 데이），情侶間會互贈對方一只銀戒指，約定永遠相愛。

八月十四日為「綠色情人節」（그린 데이），戀人會相約野外出遊，到綠意盎然的山林內，攜手散步，呼吸新鮮空氣，來一場森林浴約會；而沒有戀人的孤家寡人，則會窩在家裡，喝上一瓶「綠色」燒酒度過此日。

秋天的九月十四日為「音樂情人節／照片情人節」（뮤직 데이／포토 데이），戀情進展平順的情侶，當天往往會各自相約好友，一同到夜店或酒吧喝酒聽歌，同時介紹身旁愛人給大夥認識；戀人也會在這一天相約來到照相館，甜蜜地拍張愛的合照，放在各自的皮包或行事曆本裡作為紀念。

十月十四日為「紅酒情人節」（와인 데이），當天戀人會來到高級西式

餐廳約會，並點上一瓶紅酒慶祝，酒足飯飽後，彼此分享戀情的甜蜜，暢談兩人未來的方向。

十一月十四日為「橘子情人節／電影情人節」（오렌지 데이／무비 데이），在這一天，情人會相約到電影院，邊看電影邊吃當季盛產的橘子。

十一月還有所謂的「巧克力棒情人節」（빼빼로 데이）[1]，當天男女朋友會互贈一盒巧克力棒，以表心意；若是「朋友以上、戀人未滿」的異性友人，也會藉此機會安慰單身好友，玩上互吃巧克力棒的遊戲，慶祝巧克力棒情人節。[2]

最後，還有十二月十四日「擁抱情人節」（허그 데이），顧名思義，當天男女朋友會深情擁抱，結束這一年最後的情人節日。

近年來，韓國年輕族群間還興起九月十七日為「告白日」（고백 데이）。

1 據韓國維基百科，「巧克力棒情人節」源於一九九五年。
2 說來也有趣，在現今商家巧思下，於巧克力棒包裝後方設計出可寫上祝福或告白的留言處，且只要寫上地址、貼上郵票，丟入郵筒，還可送到對方家去，竟創造出了龐大商機。

因為在這一天若順利告白成功，到了十二月二十五日聖誕節，剛好是交往第一百天，可以一邊過著聖誕節，一邊慶祝「交往百天紀念日」，除了方便記下百日紀念日外，男女雙方還能各自省下一份交往禮物呢！

綜觀下來，韓國的情人節花樣百出，令人眼花繚亂。

但我們也不用過於羨慕每個月都有情人節的韓國社會，畢竟每個月都需要強調「愛」、強烈表達自己情感，是否真的恰當呢？

從正面角度看，如同韓國人所言，他們的社會是「(有)情」(정)社會。但如此反而讓人疑惑，究竟有哪裡是「無情社會」呢？私想韓國每個月都有情人節的主因，在於激烈的「間差社會」結構，人人都深怕孤單與疏離，故更需要愛。換句話說，若真是「有情社會」，人們大可對父母感恩與盡孝，哪怕每個月都有所謂的「家族節」——一月某一天陪爸媽去登山，二月某一天陪爸媽逛市場，三月「孝親零用錢節」給爸媽零用錢，抑或四月某一天陪弟弟妹妹逛街，五月「兄弟姐妹節」陪家裡大哥大姐喝杯紅酒等……我想應該是更顯有情與真實吧！又或是針對自己國家的文化、體育或閱讀等方面，形成國民上圖書館一日的「圖書館日」、撥空運動一天的

「體育日」等節日，這才是更為正面的力量。

但韓國卻非如此，而是特別強調男女朋友的感情節日，這也造成人們對每個月接踵而來的情人節備感壓力啊！單身者想趕緊找到另一半，不論是透過朋友間的「介紹團」（소개팅）、親戚間的「相親」（맞선），如此必然導致速食愛情風氣大增。而有情人的人，儘管在生活中因為「他」（她）而多了點甜蜜，但如同上述提到的眾多情人節，其「花費」小至一包二千韓元（約新臺幣五十元）的巧克力棒，大至上萬的昂貴銀戒、餐廳用餐等，為此平日就得更為努力工作，賺飽荷包才行，這也變相在韓國催生出只在週末碰頭的「週末戀人」（주말애인）關係。然而單身者也不用竊喜，以為只要克服心裡孤單、寂寞壓力，能養活自己，就認為逃脫了資本主義商業操作的情人節嗎？不！別忘了「黑色情人節」的炸醬麵、「黃色情人節」的咖哩飯，皆是得花錢度過的「單身」情人節啊！

看來談不談戀愛，生活在每個月都有情人節的社會，韓國人還真是辛苦啊！

韓國人的異味意識

上個世紀，文化學者金文學曾批評韓國人身上總有一股濃厚泡菜味，他只要一聞到這樣的「酸味」，就知道眼前是位「臭酸的」韓國人。但在我看來，這段話挺不公道，且過於偏激，因為韓國人可是極為操心「味道」。

舉例來說，韓國男女普遍認為出門前噴點香水，是基本社交禮儀，這點頗異於臺灣，旅臺韓國友人曾問過我：「為什麼有些臺灣人出門不抹香水呢？有時候，還有點異味。」由友人此問開始，讓我觀察起兩國人對於味道的意識著實不同。

就我多年留韓經驗，當地人很在意「異味」。如韓國料理特別著重「調味料」（양념），他們相信每道食物都有適合它的調味料，選對調味料才能引出食物的真正美味，故人們在餐廳用完餐後，身上總是帶著一股濃重的調味料味道。但大家也別小看韓國人處理異味的態度，注重他人目光的韓國人，可說時時開啟嗅覺警戒著——如有不少店家會把廁所設置在店外[1]，每當客人想要如廁，都得跟櫃檯索取外頭廁所的鑰匙；又如來到肉香四溢的烤肉店，一入座後，服務生馬上就會遞上透明可密封的大塑膠袋，供顧客收放外套或包包，以防沾染異味，若是怕自己用餐時身上沾染食物或醬料，亦可向店家索取用餐圍裙；櫃檯上多會擺放白色薄荷糖，供人們結帳

1 韓國學者金兩基（김양기）在〈火炕．白烟〉一文內，便指出韓國廁所會跟主要空間分隔之主因，在於「韓國傳統建築為火炕建築，屋內溫度很高，因此如果有廁所，將會導致難聞的氣味產生」。這是從硬體層面而言，但來到二十一世紀，建築物普遍都有空調設施了，此時會再區隔廁所跟主要空間（如營業場所），恐非「硬體」所限，而是「意識」使然了。

離開時食用，以去除口中異味，更貼心的店家還會提供衣物清香劑，好讓顧客保持一身清香味走出店家。

上述現象不僅僅發生在一般社會內，大學校園也是如此。校園內的學餐，泡菜是基本菜色，每到用完餐時，總是可看見三五成群的大學生去到廁所，用力刷牙以刷掉嘴中泡菜味。

韓國人的異味意識極深，連對關係最親密的男女朋友也是如此，若女性身上帶著剛剛在烤肉店沾染的味道被男友聞到，一定花容失色，直覺失禮，馬上從包包拿出清香劑噴灑，好去除這道異味。

從韓國男女日常打扮，也可觀察到他們對異味之重視。如臺灣人難以明瞭為何韓國年輕人總愛穿拖鞋時又特地穿上襪子，認為這是多此一舉，其實這正是為了避免散發異味。當然有些人會說那是為了避免犯寒感冒，但在炙熱夏天，他們仍不會改變此穿法，甚至我到韓國友人家裡也極少看到有人光著腳丫子。

更有意思的是，近年韓國人熱愛來臺灣遊玩，必買的伴手禮除了鳳梨酥、奶茶包或附肉塊的大碗泡麵外，還有「熊寶貝衣物清新噴霧劑」或

「熊寶貝衣物香氛包」，這顯然與異味意識有關。要知道韓國當地也有不少大品牌（如Febreze〔페브리즈〕）的衣物清新噴霧劑，且香味多樣，不管是室內用的藍天清香、花香、薰衣草香、雨後草原香，或廁所用的藍天清爽味、舒暢庭院味等應有盡有，但臺灣的噴霧劑、香氛包，或許是香味更濃郁，所以仍獲得他們青睞。

換個場景來看，首爾市民處理垃圾，不像臺灣是「垃圾不落地」，反倒是先去便利商店購買專用垃圾袋，把家中的廚餘、垃圾裝入其內，置於門外，待半夜值勤的垃圾車來收。這也是一種排除家中異味的方式。

行筆至此，我想起曾看過一部韓國偵探影集的劇情可為佐證。在劇中，刑警翻查主嫌家裡，發現冰箱冷凍庫內竟有一、兩包分量不多的小包廚餘，刑警認為這是凶嫌「不想讓家中產生異味」之舉，進而推論出凶嫌可能是一個人住。

無獨有偶的是，韓語形容「事情有蹊蹺」、「事情發展不尋常」等也用了「嗅覺」為喻，即：「有味道出來了！」（냄새 나）以「味道」形容事有蹊蹺，可說是最直觀的表達方式——事情奇怪到人們都會聞到此異味。二

〇一九年紅遍全球，囊括奧斯卡四大獎，由奉俊昊（봉준호）導演的電影《寄生上流》內的「窮酸味」，便充分展現了上述概念。

因此在注重他人目光的韓國社會內，人們不僅在可見的外表上被人嚴格評價，連自己不可見的味道，都得時時保持警覺，免得出現異味，低人一等，惹人嫌呢！

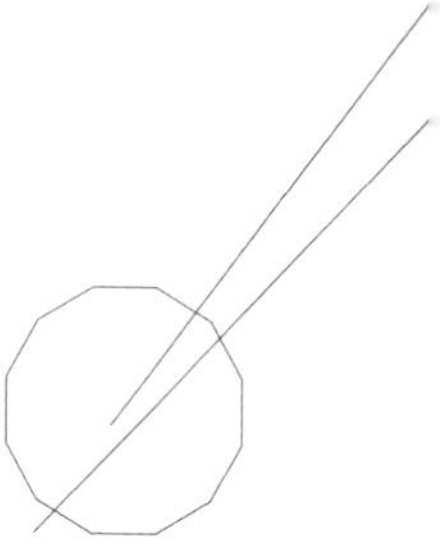

吃喝玩樂過韓國新年

臺灣人重視農曆新年，過年期間大團圓，即使是整年未見面的親戚，也免不了會閒話家常與發紅包。韓國過年又是何種面貌呢？有哪些異於臺灣的吃喝玩樂？

首先大家要知道，韓國人也重視農曆新年，稱之為「설날」或「구정」（舊正）。

臺灣人除夕之際，習慣圍爐，吃著大魚大肉，韓國民眾則是喜歡在初

一當日，吃上一碗年糕湯，湯內有著一片片圓扁類似元寶的糕品，小孩子喝完這碗高湯象徵長了一歲，也有「招財進寶」之意。此外，過年也是韓國人祭祀祖先的大日子，一大清早女性就得起床，精心準備拜拜用的大小碟盤與祭品，祭品多為煎好的鮮魚、削去果頭的梨子、水煮雞、白飯、甜點餅、傳統泡菜，最讓我印象深刻的還有多款美味煎餅（전，不同於부침개）——除了臺灣韓式餐廳內可吃到的海鮮煎餅、泡菜煎餅外，還有南瓜煎餅、香菇煎餅和肉煎餅。待桌前祭品擺設完畢，家人便行禮叩拜祖先，而後團圓聚餐。

當年留學韓國時，與我特別交好的慎學長曾邀請我去他家過年。祭品裡我最愛的菜色，就是極好下飯的「燉（牛肉）排骨」（갈비찜），只不過韓國燉排骨裡頭會加上蘿蔔、栗子或紅棗等佐料，口味偏甜，那時學長笑我果然「懂吃」，因為經濟狀況允許的家庭，父母親過年才會上超市買「韓牛」燉煮，好好慰勞過去辛苦一整年的家人，吃飽迎接新年。

愛喝酒的韓民族，農曆佳節必定少不了「酒」。日常喝的燒酒與啤酒在過年時更不會缺席，而農曆初一早上，長輩往往會遞給小孩一杯冰涼且口

味近似清酒的「歲酒」（세수），祝他們又長了一歲。據學長所言，上個世紀韓國家庭甚至還會親自釀酒招待新年來訪的朋友，可惜此風氣已經漸漸消逝。

「食醯」（식혜）也是宴席後不可或缺的傳統甜點酒，就口感而言，食醯和日本甘酒（日本傳統濁酒）的味道大同小異，皆偏甜，且都有米粒沉澱其中。但食醯是將泡在麥芽水內的白米加以發酵，甘酒則是將發酵過的白米和食醯水一起煮過再濾掉白米。

至於臺灣小朋友在過年期間最期待的壓歲錢紅包，其實韓國也有，但韓國大多是在新年一大早，等小孩子恭敬拜完年，講完「德談」（덕담，吉祥話）後，才發放「歲拜錢」（세뱃돈，即壓歲錢、紅包）。跟臺灣相比，韓國小朋友領的壓歲錢相對較少。

一般而言，學齡前或國小生領到的壓歲錢一包大多一萬韓元（約新臺幣二百五十元），而國高中生或大學生，則是五萬到十萬韓元不等。根據《韓國經濟》（한국경제，二〇二〇／一／二十五）報導，二〇二〇年過年期間成人發紅包粗估得準備二十三萬韓元（約新臺幣五千七百五十元），看

來確實比臺灣少了許多。而已成年出社會工作的子女也會在過年包紅包給父母親，只不過不稱「歲拜錢」，而是給父母親的「零用錢」（용돈），金額多為五萬韓元起跳，當然也有人包到一百萬韓元（約新臺幣二萬五千元），視個人經濟狀況而定。

有意思的是，臺灣壓歲錢包裝袋多以鮮紅色「紅包」居多，而韓國則是「白包」為主，但近幾年已有五彩繽紛的卡通人物或當年度的生肖年動物等圖案設計的討喜壓歲錢包裝袋問世，不再局限白包了。

在臺灣過年，一家人酒足飯飽後，接著就會玩起撲克牌等小賭怡情，或是各式桌遊，但韓國人玩的則是「擲柶遊戲」（윷놀이）。擲柶遊戲基本玩法是人們扔擲出如同骰子功能的四枚半圓柱形木棒，再根據落下後的木棒正反面（共計五種組合），計算當次棋盤上要走的步數，這些步數有豬（도：走一步）、狗（개：走兩步）、羊（걸：走三步）、牛（윷：再重擲一次）、馬（모：再重擲一次）等，若是擲棒掉出遊戲墊外則失分不計步數，類似大夥比賽走格，看誰新年好運氣，能先擲出好點數，繞捷徑回終點獲勝。據傳擲柶在過往時代，是人們年初用來預測新一年的農事或運勢的

「占卜」遊戲。

然而到了二十一世紀的韓國新年，我倒是觀察到當地民眾出外走春時，總愛找塔羅牌店或占卜攤，要算命先生（점쟁이）一卜流年運勢，故新年假日約會的情侶也會把算命列入行程。

一日，與韓國朋友娫聊天，她稱羨臺灣人農曆年可以大快朵頤享受美味的火鍋，小朋友能領到金額頗高的壓歲錢，還有長假可放——因為臺灣春節多為六、七天起跳，而韓國大多只放三天假，難怪讓她羨慕呢！

來自食物意象的負面詞語

有段時間韓國年輕族群言談之間流行起「花蛇」（꽃뱀）、「漁場管理」（어장관리）這兩個詞語，雖然帶有負面意涵，但藉此可讓外人一窺當地戀愛觀。

韓國社會極為重視人與人的階級，此階級可能因出身背景、財富、學歷等各因素而形成，到了適婚年齡的男女若去相親，講究的更是門當戶對了。但因高房價、養兒不易等眾多外在經濟原因所致，近年來三十多歲未婚男性高達四成左右，這種偏向不結婚的「N拋世代」現象，持續蔓延。

此外，據國際「經濟合作暨發展組織」（OECD）調查，早在二〇一〇年，韓國大企業招聘新進員工，男性員工人數是女性三倍，且男性員工的薪資也明顯占了優勢，男女薪水差距約為三十五%，為經濟合作暨發展組織內差距最大的國家。因此對許多當代年輕人而言，面對麵包與愛情之抉擇，很多人選擇了前者。

這也間接導致價值偏差的戀愛觀逐漸興起，某些經濟相對弱勢或心懷不軌的女性，平日刻意管理好自己的體態身材（몸매 관리），化身「花蛇」，接近富男，好補足經濟上之不足。花蛇，名如其實，強調其視覺意象，即「外表光鮮亮麗、燦爛如同鮮花般的蛇」。此語負面程度遠勝於指稱女性為「狐狸」（여우，指極具魅力的女生，其放電能力讓周圍男生皆招架不住），「花蛇（女）」靠著一身妖豔魅惑的外表勾搭男性，進而索取名牌包、金戒等貴重物品，甚至還可能牽扯到金錢糾紛。這些被花蛇女纏上的

男性（的荷包），就像被蛇緊緊纏繞住的獵物一般，慢慢地被吞食入肚。[1]

「漁場管理」又是什麼意思呢？

此語不像「花蛇」多用在女性身上，「漁場管理」指稱男女皆可，當某人同時跟好幾個異性朋友搞曖昧，此時就會用「漁場管理員」來描述此情場高手。這些「被」搞曖昧的異性，就像被餵養在魚池的魚（물고기），一旦魚池裡某條魚過於消瘦，漁場管理員就得餵牠飼料（如約會），免得餓死了；若有魚最近吃太飽、變肥（如相見次數過多）的話，就要給牠節食一下（如突然消失數十天不連絡，搞一下神祕）。[2]

有意思的是，中文很難翻譯上述兩詞，即使翻譯成「拜金女」（或「敗金女」）與「亂槍打鳥」（或「腳踏好幾條船」），都無法完全扣緊此兩語在韓國的使用脈絡。因為「花蛇」跟「漁場管理」的共同處，就是它們（蛇、漁場管理員）都非一口氣吃掉獵物。被花蛇纏繞住的男性，總會疑心對方不喜歡他，最後才會恍然大悟，這女人愛上的只是自己的錢財。意即是獵物得經過掙扎，待毒液流竄全身才會死亡，而使力之大小、咬不咬致命一口之決定權，是在蛇身上。同樣地，漁場管理員何時吃掉或放生這條魚，決定權也是在管理員身上。

換言之，這兩語詞具有「囤積（食物）」之主動意向。試想，居住在冰天雪地、外人頻繁侵略的朝鮮半島上，糧食相對稀少與珍貴，固然造成保存期限較長的醃製類食物之興盛，同樣也促使防寒止飢、預免災害的「囤積食物」思維之形成，這就是此兩語形成之背景。

花蛇譯成「拜金女」，之所以不合其本意，在於「拜金女」是對金錢莫名崇拜，不由自主地被金錢吸引，此為「拜」（信仰）之意涵；若翻譯成「敗」字，則呈現出女性在有錢男性面前的弱勢與被動，也不完全準確。事實上，情場上的花蛇是主動出擊的。

同樣地，漁場管理譯成「亂槍打鳥」也不妥當，因為「亂」是沒有計劃目標性，不似漁場管理員，乃是井井有條、按部就班地管理魚池內的

1 字典解釋「花蛇」為：「為了牟取錢財、貴重物品，而刻意接近男生，欺騙並與之交往的女性。」

2 字典解釋「漁場管理」為：「男女雙方並未交往，但行為舉止卻像親密男女朋友一般，同時也與身邊的其他異性朋友搞曖昧。」

魚。而「（亂）槍打鳥」，則有獵人快狠準地打死飛禽，馬上就得宰殺飽餐一頓的意味，不符合漁場管理員得花上一段時間觀察所飼養的魚，之後再主動決定如何處置之慣例。

總而言之，由韓國人強烈的「被害意識」所發酵出來的「囤積（食物）」意識[3]，具體化出現在「花蛇」、「漁場管理」此兩個負面詞語上，也呈現出不同於臺灣的戀愛觀樣貌。

3 除了「花蛇」、「漁場管理」外，韓語裡貶低女性的用詞，還有「泡菜女」（김치녀）、「大醬女」（된장녀）等詞，皆與食物意象有連結。

理想國——食藏山與離於島

「林盡水源，便得一山。山有小口，彷彿若有光。便舍船，從口入。初極狹，纔通人，復行數十步，豁然開朗。土地平曠，屋舍儼然，有良田美池桑竹之屬。阡陌交通，雞犬相聞。其中往來種作，男女衣著，悉如外人；黃髮垂髫，並怡然自樂。」——陶淵明，〈桃花源記〉

說到「理想國」，古今中外各文明各國家皆有，這些理想國又是什麼樣貌呢？

其中最為著名，也是大家熟知的，即是古希臘哲人柏拉圖（Plato，約西元前四二九—前三四七）在《克里特阿斯》（*Critias*）和《提邁奧斯》（*Timaeus*）兩本對話錄內言及的「亞特蘭提斯」（Atlantis）帝國。據文內描述，此帝國位於「海格力斯之柱」（Pillars of Hercules）外，有著高度文明與享用不盡的金銀財寶，但人民太過幸福，無視神明之威，故神一怒之下，就把此帝國震沉至海底深處。歷史上有許多探險家和考古學者，隨著柏拉圖的言論，尋遍大西洋海底，試圖找到此經常出現在現今西方影視內的永恆理想國——黃金之都亞特蘭提斯。

另外一例，即是成書於十三世紀的《馬可波羅遊記》（*The Travels of Marco Polo*，一二九八—一二九九），當時掀起了不少歐洲人尋找「黃金鄉」的大航海時代，據說哥倫布也是因看了此書，憧憬遊記內的美好東方世界，進而出海尋找傳說中的金銀島[1]，造就他發現新大陸的事蹟。

除了這些蘊藏金銀財寶的理想國，十六世紀漸漸興起的英國「烏托邦社會主義」（utopian socialism）哲人們，也從社會制度想像人世間理想國，如摩爾（Thomas More，一四七八－一五三五）的《烏托邦》（*Utopia*，一五一六），描寫旅人希斯洛蒂（Raphael Hythloday）在隨著航海家維斯普契（Amerigo Vespucci）到達美洲後，繼續獨自旅行，他來到社會制度完全異於歐洲的烏托邦島，島上居民享有政治、經濟與教育等各方面的平等，讓他大開眼界，藉此批評英國政治之腐敗及社會制度之不公。類似的理想國，還有康帕內拉（Tommaso Campanella，一五六八－一六三九）的《太陽城》（*The City of the Sun*，一六二三），書內同樣虛擬了航海家與朝聖招待所管理員的對話，描繪赤道某處小山上，有一座如同七個同心圓狀的城堡（太陽城共和國），且每一層城堡的東西南北方向各開一門，各層城堡間有大道相連。人們在城堡內過著豐衣足食的生活，如有外敵侵犯，只須緊閉城堡大門就可防禦。太陽城奉行公有制，土地、房屋、勞動工具、勞動產品等一切財富皆屬於公共所有，個人住房每隔半年調換一次，沒有人擁有

1 《馬可波羅遊記》內所說的東方金銀島是日本國（Zipangu）。

私有財產。城內一切分別由最高統治者「太陽」，與三位助手「威力」（掌管軍事）、「智慧」（掌管科技）和「愛」（掌管文教）管理，社會制度完全異於西歐各國。威爾斯（H. G. Wells，一八六六－一九四六）的《現代烏托邦》（*A Modern Utopia*，一九〇八）也是如此，都是從社會、政治制度層面上，描繪出屬於各自的人間「理想國」風貌。

而就人性、愛欲而言，印度佛經也常提到人間理想國，尤以《長阿含經》裡佛說「四大部洲」最為著名。佛認為這世界中心為須彌山，在其周圍環繞四大洲，除了人們現今所居住的地球（位屬四大洲的南贍部洲／南閻浮洲），還有東勝神洲（東毘提訶）、西牛賀洲（西瞿耶尼）與北俱盧洲（北鬱單越）三大洲。

其中極樂之地為北俱盧洲，此洲位於須彌山北的鹹海內，洲形四方，每邊各長二千由旬[2]，由七金山與大鐵圍山所圍繞，黃金為地，晝夜常明。人民面形正方，如同此洲地形，面色相同，身高皆一丈四尺，生活平等安樂，沒有憂慮，且作物皆自然生長出來，讓洲上人民享用。男人若興起情欲，只要凝望心儀的女人後遁入森林，咒力即會牽引此女到來交歡，而後過了七天，雙方情欲便會消失。女子懷孕七日可產子，生子後只要把孩子置於路邊，行人經過清洗此孩童的手，手指就會流出奶水供其吸吮；孩子再過了七日，生長成人，壽命高達一千年。在此國度人死了不會悲傷，把屍體丟在路邊，就有憂慰禪伽鳥來叼走，往生忉利天或他化自在天。

而中國的理想國，我想很多讀者首先想到的是，陶淵明筆下與世無爭的「桃花源」了。

上述簡單介紹完東西方的理想國，那麼韓國有理想國嗎？

就我所翻閱到的資料，韓國人所想像的理想國，既沒有享用不盡的金銀財寶、異於凡間社會的美好制度，也無人性愛欲的自由自在，反倒是強調免於飢餓。

韓國理想國據傳有二：一為傳說位於大田（대전）的食藏山（식장산），此山在《新增東國輿地勝覽》（신증동국여지승람，一五三〇）就已

2 由旬，古印度長度單位。指公牛掛軛走一天的路程。

經出現，而在十八世紀的《山經表》（산경표），則稱此山為「食莊山」。關於這座理想國山的傳說不少：一，相傳食藏山可供給孝子其家族一生吃不完的糧食，換句話說，如果有人能得到食藏山山神認可，一輩子可不愁飢餓，故許多人就搬到食藏山山底下居住，冀獲山神認可求取溫飽，形成了大小村落。二，食藏山從百濟（西元前一八－六六〇）到新羅時代（西元前五七－九三五），被朝廷改建為儲藏軍糧用地，山內預藏眾多糧食，倒也符合「食藏」之名。一日，山內有位僧侶誠心念經後，牆上突然冒出一顆米來，讓他大吃一驚，於是僧侶再次念經，牆上又生出一顆米，他大感神奇。然而最終因僧侶過於貪心，想得到更多的米，竟在牆上挖了大洞，希望米會如泉水般湧出，結果米粒不再出現，讓「生米」傳說剎那消失。三，在此山深處放置裝了半碗米飯的食器，等待半個時辰，食器內的米飯會成倍數增長，裝滿食器，因此食藏山山名遠播，也被稱為「食器山」（식기산）。

此外，韓國外島濟州島的婦女間，還口耳相傳一座名叫「離於島」（이어도，或稱「波浪島」；現今為蘇岩礁暗礁，距離濟州島一百五十公里）的理想國。離於島海浪大，又多暗礁，難以接近，在過去被人稱為「傳說

之島」、「寡婦之島」（과부들만의 섬），或「彼岸之島」（피안의 섬），她們相信因戰亂或出遠洋捕魚不幸罹難的丈夫或兒子冤魂，都會來到此處安居。

從高麗時代起，濟州島婦女在島上工作之際，一邊搗著米、撿著馬糞時，不忘唱著以「離於島」開頭的勞動歌謠，幻想從中得到力量與生活動力。在當代著名韓國小說家李清俊（이청준，一九三九—二〇〇八）所著的《離於島》一書內，就根據傳說描繪來到此島的人全都不想回去故鄉，因為人們在那座島上不用工作也可豐衣足食。然而實情是，就歷史記載，從來沒有人去過那個地方，當然也沒有人從那座島上回來過了。[3]

就此看來，韓國人的理想國是多麼貼近「現實」與「今生」，只求頓頓溫飽，而渴望衣食無缺的被害意識，正隱藏在對理想國度之想像。

3 文內提及韓國兩處理想國，出自李圭泰觀點。然而李圭泰似乎沒有區分出人世間與非人世間的理想國差異，我認為若想論述韓國對理想國的想像，應該扣緊人世間的理想國。再者，李圭泰整理此兩地的理想國傳說過於簡略，我藉由該文得到靈感寫成本篇。請參閱：李圭泰（一九七九），頁一三〇以下。

附錄——延伸閱讀書目

創作本書所探索到的想法，深深得益於許多研究者的成果與觀點，茲列於下，歡迎讀者朋友們有機會也能延伸閱讀。

底下書目依初版年代排列：

- ▼李圭泰，《韓國人的意識形態》，楊人從譯，臺北市：黎明文化，一九七九年六月初版。
- ▼康丁斯基，《藝術與藝術家論》，吳瑪俐譯，臺北市：藝術家出版社，一九九五年六月初版。
- ▼康丁斯基，《藝術的精神性》，吳瑪俐譯，臺北市：藝術家出版社，一九九五年十月初版。
- ▼金文學，《醜陋的韓國人》，宋義淑譯，山東省：山東人民出版社，二〇〇五年一月初版。
- ▼張少文，《韓國外交與對外關係》，新北市：臺灣商務印書館，二〇〇九年五月初版。

▼ 陳慶德，《韓語超短句——從「是」(네) 開始》，臺北市：統一出版社，二〇一二年十二月初版。

▼ 新井一二三，《你所不知道的日本名詞故事》，上海市：上海譯文出版社，二〇一四年一月初版。

▼ 陳慶德，《韓國人入門》，臺北市：五南出版社，二〇一五年五月初版。

▼ 麥克魯漢，《認識媒體：人的延伸（麥克魯漢經典）》，鄭明萱譯，臺北市：貓頭鷹出版社，二〇一五年六月初版。

▼ 張夏成，《憤怒韓國》，金福花譯，新北市：光現出版社，二〇一六年十月初版。

▼ 布魯斯．卡明斯，《朝鮮戰爭》，林添貴譯，香港：三聯書店，二〇一七年六月初版。

▼ 陳慶德，《再寫韓國：臺灣青年的第一手觀察》，新北市：月熊出版社，二〇一七年十一月初版。

▼ 陳慶德，《他人即地獄：韓國人寂靜的自殺》，桃園市：逗點文創結社，二〇一八年八月初版。

▼ 黃教益，《韓國飲食的素顏：從泡菜到蔘雞湯，形塑韓國飲食文化的一〇〇個事典》，蕭素菁譯，新北市：幸福文化，二〇一八年十一月初版。

▼ 麥可．布林，《新韓國人：從稻田躍進矽谷的現代奇蹟創造者》，方祖芳譯，新北

市：聯經出版，二〇一八年十一月初版。
▼宋永心，《飲食中的朝鮮野史》，陳曉菁譯，新北市：臺灣商務印書館，二〇一九年一月初版。
▼顧若鵬，《拉麵：食物裡的日本史》，夏小倩譯，廣西省：廣西師範大學出版社，二〇一九年二月初版。
▼李御寧，《日本人的「縮小」意識：從生活態度到藝術表現，日本文化為何與眾不同？》，陳心慧譯，新北市：遠足文化，二〇一九年九月初版。
▼周永河，《餐桌上的韓國人：湯飯、矮桌、扁筷子，韓國人為什麼這樣吃的飲食常識與奧祕》，徐小為譯，臺北市：創意市集，二〇一九年九月初版。
▼朴賢振，《餐桌上的一匙歷史》，邱麟翔譯，新北市：臺灣商務印書館，二〇二〇年二月初版。
▼奉俊昊等，《寄生上流．原著劇本：導演訪談＋一刀未剪劇本書》，葛增娜譯，臺北市：寫樂文化，二〇二〇年二月初版。
▼金愛爛，《垂涎三尺：說不出口的沉悶與孤單，就這樣不自覺地嚥下》，許先哲譯，新北市：臺灣商務印書館，二〇二〇年十二月初版。
▼郭奎煥等，《翻轉首爾：叛民城市議題漫遊》，顏思妤譯，臺北市：游擊文化，二〇二二年二月初版。

韓國的飲食特色就在強烈的「被害意識」所形構出的「間差社會」中醞釀而生。

系列——言無盡 08

韓味 剖開韓國人的胃，看透韓國的社會

作　　者｜陳慶德
照片來源｜陳慶德
特約編輯｜小敏
特約校對｜蔡忠穎
美術設計｜謝佳穎
版面編排｜黃秋玲

總 編 輯｜顏少鵬
發 行 人｜顧瑞雲
出 版 者｜方寸文創事業有限公司
地址｜臺北市 106 大安區忠孝東路四段 221 號 10 樓
傳真｜（02）8771-0677
客服信箱｜ifangcun@gmail.com
出版訊息｜方寸之間 http://ifangcun.blogspot.tw
精彩試閱｜方寸文創 http://medium.com/@ifangcun
FB 粉絲團｜方寸之間 http://www.facebook.com/ifangcun
方寸文創全訊息｜ https://portaly.cc/fangcun
法律顧問｜郭亮鈞律師
印務協力｜蔡慧華
印刷廠｜家佑印刷有限公司
總 經 銷｜時報文化出版企業股份有限公司
地址｜桃園市 333 龜山區萬壽路二段 351 號
電話｜（02）2306-6842

ISBN｜9786269793440
初版一刷｜2024 年 7 月
定　　價｜新臺幣 400 元

方寸文創
Printed in Taiwan

國家圖書館出版品預行編目（CIP）資料

韓味：剖開韓國人的胃，看透韓國的社會｜陳慶德著｜初版｜臺北市：方寸文創｜ 2024.07 ｜ 272 面｜
12.8 x 18.8 公分（言無盡系列：8）｜ ISBN 978-626-97934-4-0（平裝）｜
1.CST：飲食風俗 2.CS：文化 3.CST：韓國｜ 538.7832 ｜ 112022095

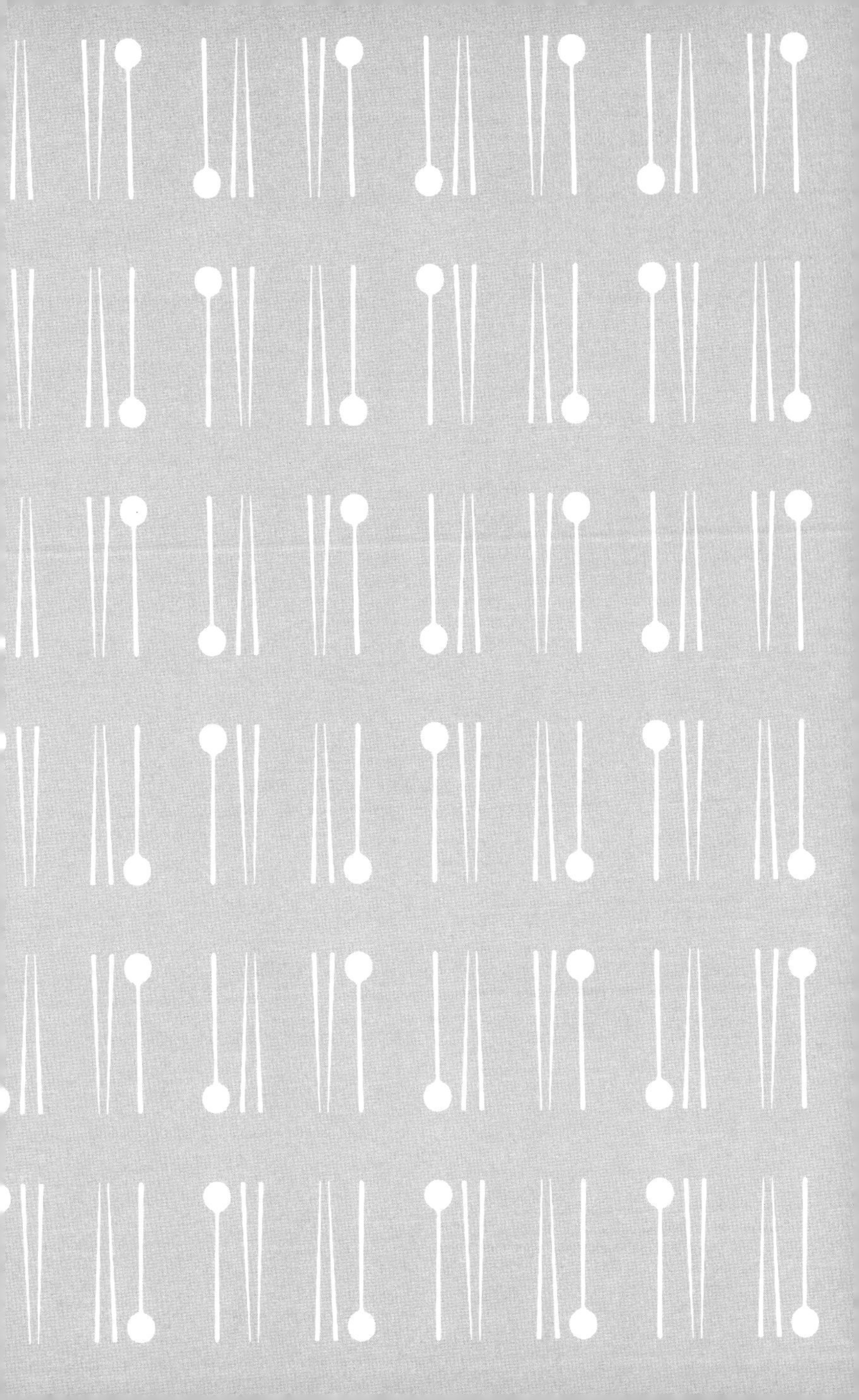

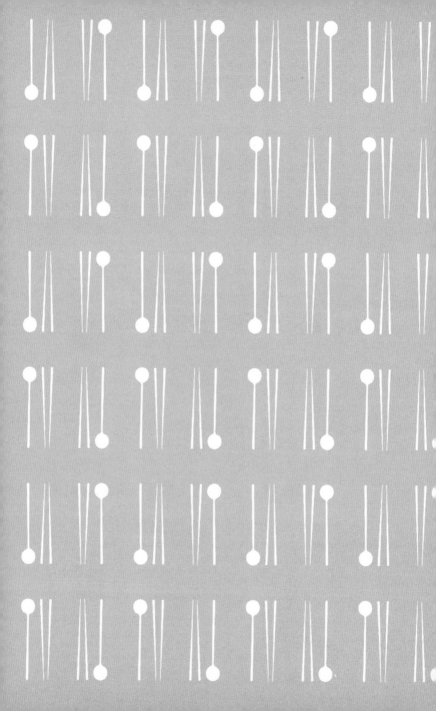